文成县博物馆（文物保护管理所）编

馆藏文物卷

文成文物

西泠印社出版社

序

这是一本赏心悦目的书，图片精美，文字简洁，将文成县博物馆馆藏的石器、瓷器、钱币、金银器等文物一一呈现在读者面前，为读者送上了来自遥远时空的视觉盛宴。书中不少文物与文成历史、文成生活紧密相连，浸渍着文成大地自新石器时代以来浓郁的人间烟火。

这是第一本展示文成县博物馆馆藏文物的书。它的到来，对文成县博物馆，对年轻的编写团队，都具有重要的意义。

文成县博物馆成立于2013年1月，2016年11月30日对外开放，现有馆藏文物5127件（套），其中国家一级文物1件（套），二级文物3件（套），三级文物134件（套），2021年被评国家二级博物馆。这是了不起的成绩，是文成县博物馆的建设者，筚路蓝缕，从无到有，克服一个又一个困难取得的。如今文成县博物馆已完成了建设任务，工作重心逐步向科普、研究、展览策划等方面转变。本书出版恰合其时，正是对以往的工作一次阶段性的总结和回顾。

编者团队成员，大多数已在博物馆工作多年，为博物馆建设做了许多重要的工作，为博物馆发展倾注心血。本书编著精益求精，文物选择精当，图片丰富多彩，说明简明扼要，将枯燥的文物化为一本有趣的读物。编者对文物的钟爱，工作的认真，融化于字里行间，渗透于图片之中。希望他们能再接再厉，继续深耕于文成的文博事业之中，不断地丰富学养，钻研专业知识，做出更多更优秀的成绩。

郑文清

2023年4月

目录

钱币

档案文书

其他

文成文物
馆藏文物卷

石器

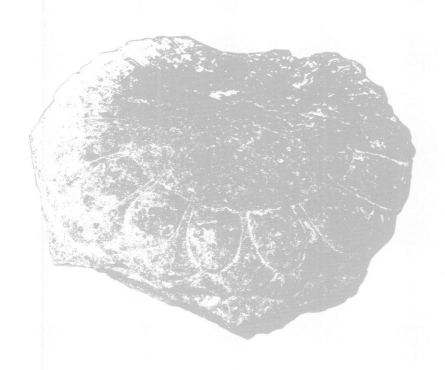

唐　紫阳观莲花柱础

长73.0厘米，宽73.0厘米，高22.0厘米

　　形似覆盆，从上到下共雕饰三层，上端凸出的腹部以莲瓣雕饰，其莲瓣
以圆弧收齐上下唇缘，呈上下对称的长椭圆形；下部为方形的底座，素面。

唐　紫阳观莲花塔石

上：边长33.0厘米，高28.0厘米

下：边长44.0厘米，高26.5厘米

呈正六边形，上底中间呈凹形，边缘中间饰一周凸起的横线。

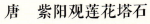

文成文物

馆藏文物卷

陶瓷器

东汉　青釉弦纹双系瓷盘口壶

口径15.5厘米，底径14.0厘米，高34.5厘米

　　盘口，长颈，溜肩，修长腹，平底内凹。肩部置对称衔环耳，耳面饰蕉叶纹，耳上部塑贴两端卷曲、形似绵羊角的附加堆纹。器上半部分以三组弦纹分隔装饰带，口沿下和颈下划水波纹带，肩部饰两周连续几何线条纹，下腹部满布瓦棱纹。灰胎，胎质坚硬。施青褐色釉，釉面光亮，露胎处呈黑褐色。

东汉　瓯窑青釉瓷五联罐

底径16.0厘米，高49.0厘米

葫芦形，上端堆塑五只小罐。中罐较大，盘口，鼓腹，通底。四只小罐喇叭口，其余形同中罐，四周环置，不通底，小罐间置角状饰。葫芦瓶束腰处塑贴三熊，瞪眼、耸耳、抱肢、噘嘴，作守望状；间塑贴其他动物，每个都栩栩如生。灰色胎，施青黄釉不及底，釉色有光泽，无釉露胎处呈红褐色。

晋　瓯窑博山青釉瓷熏炉

底径15.8厘米，高17.5厘米

　　器由熏炉、承足和承盘三部分组成。熏炉顶立一小鸟作封口，尖喙、高冠、长尾，作飞翔状。肩部饰四个圆孔和褐斑，间隔对称排列。肩腹部镂雕两周锯齿纹和三角形纹。腹部一侧开一十字形口。三兽面蹄形足。承盘直口，弧腹，平底，底部留有垫烧痕迹。灰白色胎，胎质坚硬。施黄绿釉，釉层匀净光亮，釉面开细碎纹片。

晋　瓯窑青釉瓷香熏

底径16.8厘米，高16.5厘米

此器由熏炉、承柱和承盘三部分组成。熏炉呈球形，熏盖为塔式，镂雕两周小孔，置三周兽角，上下错落有致。承柱呈喇叭形。承盘平沿，斜壁，平底。灰色胎，施青黄釉，釉层透亮，底部无釉呈红褐色。

晋　瓯窑青釉瓷鸡笼

长12.0厘米，宽9.0厘米，高4.5厘米

　　上罩镂空筒形笼，两端平直，底面中间微拱形。两个鸡笼口各塑一只鸡。胎呈浅灰色，胎质细密，施青黄釉，釉层薄。

晋　瓯窑青釉船形瓷灶

长15.0厘米，宽11.5厘米，高8.5厘米

整体呈船形，一端平直，开一方形火门；另端尖而上翘，开一排烟孔；灶面呈锐三角形，开两个灶眼，上置两釜。胎呈浅灰色，坚硬致密。内外施青灰色釉，莹润光亮；施釉不及底，露胎呈红褐色。

晋　瓯窑青釉褐彩瓷罐

口径22.0厘米，底径9.5厘米，高38.0厘米

侈口，卷沿，短颈，深腹下收，平底。肩腹部一周大片褐彩装饰，从肩部自然下淌，由简至繁，对比强烈。灰色胎，胎质坚硬。施青黄色釉，细腻光亮，施釉不及底。

西晋　越窑青釉瓷鸟盅
口径9.7厘米，底径6.0厘米，高4.5厘米

直口微敛，弧腹，浅圈足。内底短柱上立一小鸟。鸟尖喙，高冠，突目，大长尾，作展翅欲飞状。鸟的头、肩、翅、尾部点饰褐彩。灰胎，致密坚硬。通体施青中泛黄色釉，玻璃质感较强，釉面开细碎纹片。

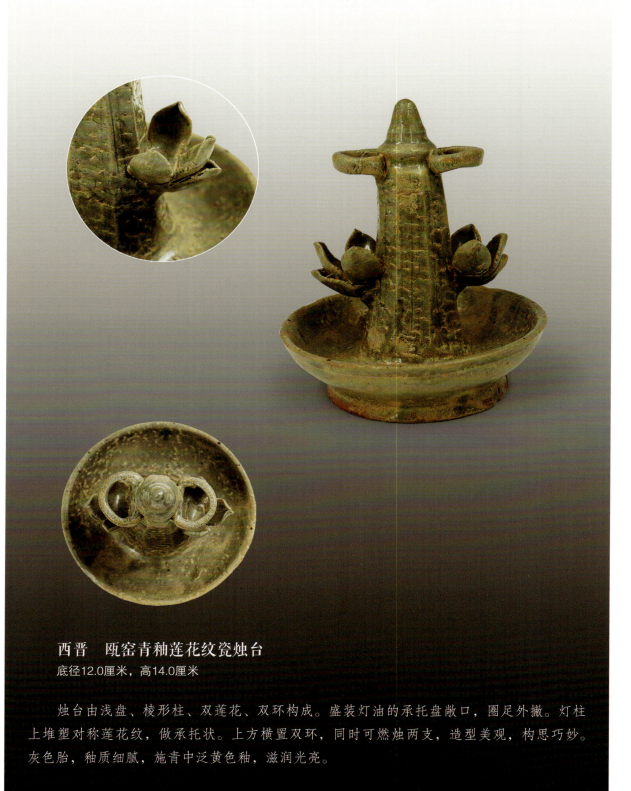

西晋　瓯窑青釉莲花纹瓷烛台

底径12.0厘米，高14.0厘米

　　烛台由浅盘、棱形柱、双莲花、双环构成。盛装灯油的承托盘敞口，圈足外撇。灯柱上堆塑对称莲花纹，做承托状。上方横置双环，同时可燃烛两支，造型美观，构思巧妙。灰色胎，釉质细腻，施青中泛黄色釉，滋润光亮。

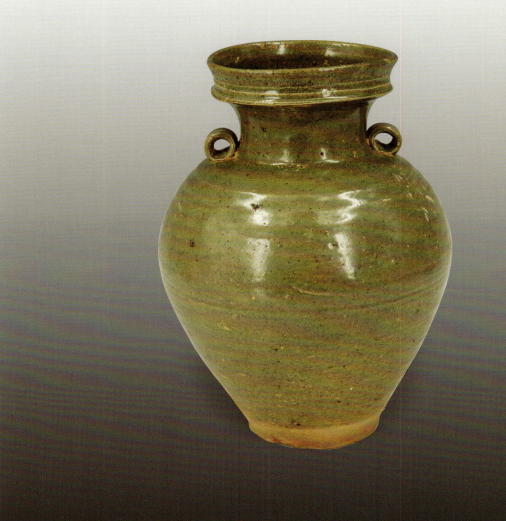

西晋　瓯窑青釉双耳瓷盘口壶

口径13.5厘米，底径10.5厘米，高32.0厘米

盘口，束颈，溜肩，瘦长腹，平底，肩颈交接处置对称圆形竖系。灰色胎，胎质厚重致密。器表施青黄色釉，匀净光亮，釉面开细小鱼子纹片，施釉不及底，露胎处呈红褐色。

西晋　瓯窑青釉圆形瓷虎子

虎口径6.0厘米，底径13.5厘米，高22.0厘米

球形腹，虎头圆口，呈45度角上昂，外沿饰两道弦纹，平底。顶置圆柄形提梁。浅灰色胎，器表施淡青釉。

东晋　青釉点彩瓷鸡首壶

口径8.0厘米，底径12.0厘米，高24.0厘米

盘口，束颈，溜肩，球形腹，平底。肩部一侧置高冠、凸眼、长颈的鸡首流，流口与腹部相通；对侧置圆曲柄；两侧横置对称桥形系。灰色胎，胎质细密。施青灰釉，细润透亮，施釉不及底。口沿、柄、流口及肩腹部均饰有褐色点彩；肩腹部用成串的褐色圆点组成垂帘状区间，造型规整，点彩疏密得体，结构严谨，富于装饰性。

东晋　瓯窑青釉褐彩草叶纹瓷鸡首壶

口径9.0厘米，底径13.0厘米，高21.0厘米

盘口，束颈，溜肩，球形腹，平底。肩部置高冠凸眼鸡首流，对称处安圆曲柄，两侧横置环形系，其间划饰弦纹一周，并饰褐彩。盘口、圆曲柄饰褐彩。鸡首流下饰褐色草叶纹。灰白胎，胎质致密。施半透明青釉，釉薄光亮，点彩疏密得体，富于装饰性。

东晋　瓯窑青釉龙柄瓷鸡首壶

口径8.5厘米，底径10.0厘米，高25.0厘米

盘口，束颈，溜肩，腹部下收，平底。肩部一侧置高冠、凸眼、长颈的鸡首流，流口与腹部相通；对侧置龙首纹执柄；两侧横置对称桥形系。灰色胎，胎质细密。施青中泛灰色釉，施釉不及底，细润透亮，釉面开细碎纹片。

东晋　瓯窑青釉点褐四系铺首瓷罐
口径15.0厘米，底径10.0厘米，高16.0厘米

直口，短颈，上腹圆鼓，下腹斜收，平底。肩部横置四个桥形系与四个铺首，间隔等分排列，并置三道弦纹。口沿与肩部饰三周褐色点彩。灰白色胎，胎质致密坚硬。施青黄釉，匀净光亮，施釉不及底。

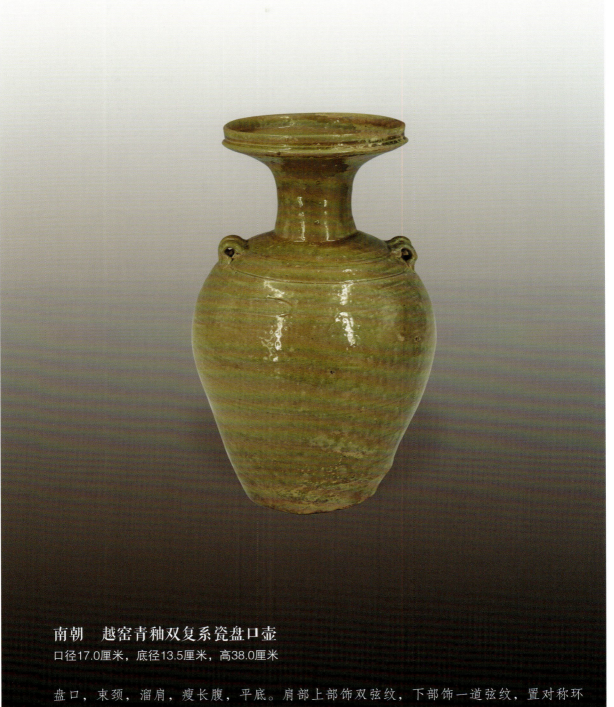

南朝　越窑青釉双复系瓷盘口壶
口径17.0厘米，底径13.5厘米，高38.0厘米

盘口，束颈，溜肩，瘦长腹，平底。肩部上部饰双弦纹，下部饰一道弦纹，置对称环形双复系于上下弦纹上。灰色胎，胎质细腻。施青釉，釉质莹润光亮。

南朝　瓯窑青釉莲花纹瓷碗

口径13.5厘米，底径6.0厘米，高7.0厘米

直口，弧腹，饼形足。外壁口沿处饰双弦纹。内壁环绕碗心刻四重线莲瓣纹七瓣。灰白色胎，胎质致密。除底外通体施青灰色釉。

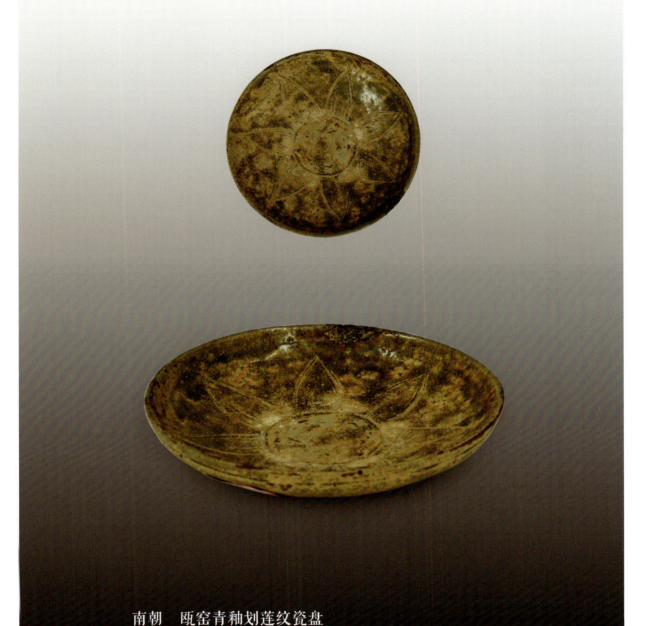

南朝　瓯窑青釉划莲纹瓷盘

口径13.5厘米，底径6.0厘米，高3.0厘米

坦口，浅腹，饼形足。外壁口沿处饰弦纹。内壁环绕碗心刻四重线
莲瓣纹七瓣。灰白色胎。除底外通体施青灰色釉。

唐　瓯窑青釉褐斑带流瓷水盂

口径11.5厘米，底径6.0厘米，高7.0厘米

敛口，圆唇，鼓腹，假圈足。肩部置一直流口。器口至腹部饰三大
块椭圆形褐斑。灰色胎，质地坚硬。施青灰釉。

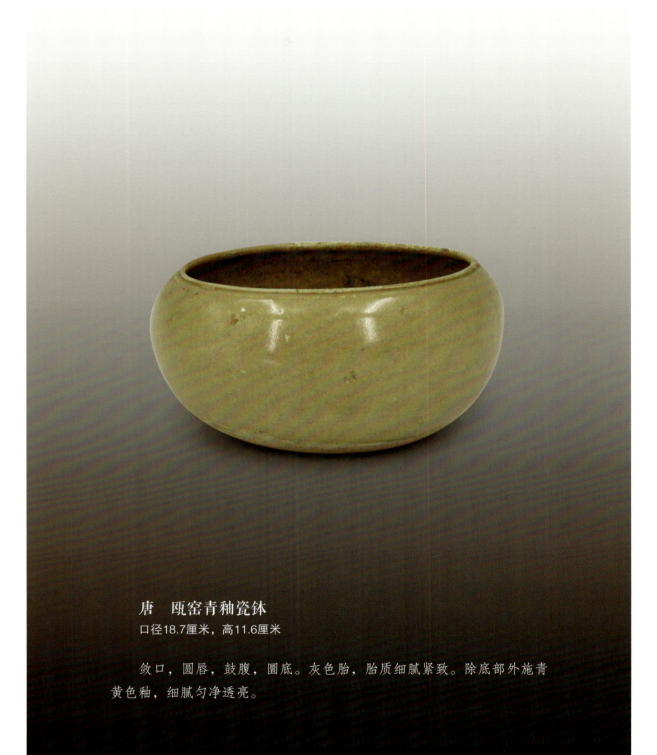

唐　瓯窑青釉瓷钵

口径18.7厘米，高11.6厘米

敛口，圆唇，鼓腹，圜底。灰色胎，胎质细腻紧致。除底部外施青
黄色釉，细腻匀净透亮。

唐　青釉四足瓷水盂

口径3.3厘米，底径6.0厘米，高5.5厘米

　　直口，圆唇，扁圆腹，凹底，四蹄足。四足外侧向上延伸一凸棱，将腹壁分成四等分。灰白色胎，胎质坚硬。通体施青黄色釉。

唐　瓯窑青釉瓷大碗

口径20.5厘米，底径10.0厘米，高6.5厘米

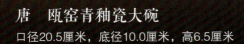

敞口，斜壁，宽矮圈足。外壁饰数道弦纹。碗的一侧有明显的细碎纹片。灰白色胎，胎质坚硬。通体施淡青釉，光洁透亮。碗底留有一圈泥点垫烧痕。

唐 瓯窑青釉葵口瓷盘
口径15.3厘米，底径6.3厘米，高4.2厘米

葵口外敞，弧腹，圈足。外壁饰两道弦纹。胎呈灰色，致密坚硬。
通体施青釉，施釉不及底，匀净透亮，开细碎纹片。内底和外底都留有
一圈泥点垫烧痕。

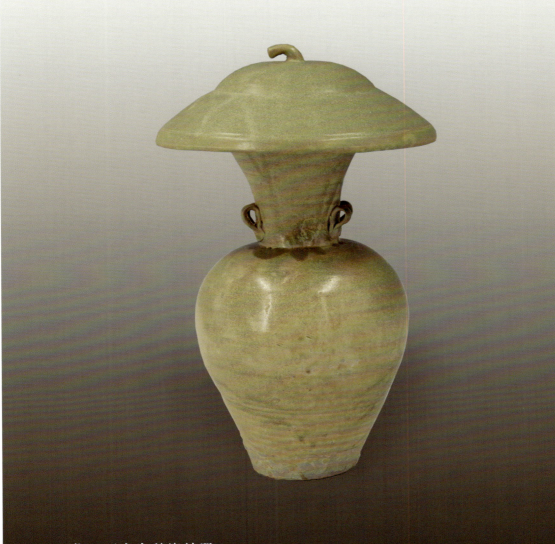

五代　瓯窑青釉瓷粮罂

口径19.1厘米，底径10.0厘米，高41.0厘米，盖口径25.0厘米

该粮罂造型高大，线条浑圆流畅。斗笠状盖，顶部置长形钮，与粮罂盘口相扣。罐体大盘口、束颈、溜肩、腹部浑圆，整体呈椭圆形，平底。肩上置对称双复系。胎体坚硬致密，施青釉，釉面滋润光滑，色泽青灰。

北宋　瓯窑青釉莲荷纹瓷粉盒

直径13.0厘米，高4.5厘米

这是古代妇女用以盛放香粉、胭脂等化妆品的容器。盖弧面，边缘饰弦纹二周，中印模莲荷纹，筋骨舒展，生动逼真。盒身直口，平底内凹。胎质细腻，施青黄釉，莹润透亮。

北宋　瓯窑青釉瓷执壶

口径9.2厘米，底径7.5厘米，高23.6厘米

喇叭口，直颈，斜肩，长圆瓜棱腹，饼形足。肩部一侧置长弧形流，对侧置三股藤状扁曲鋬。腹部对称饰两块圆形褐彩斑，有挂釉现象。灰白胎，胎质坚致。除圈足底端外通体施青灰色釉，釉层透明，滋润亮泽。

北宋 龙泉窑青釉划花瓷碗

口径17.7厘米，底径5.6厘米，高8.3厘米

敞口，斜壁，圈足。外壁划纵向条纹，腹中饰一道弦纹。内壁划刻云纹。浅灰色胎，胎质厚重致密。通体施淡青黄釉，釉层透明清亮，滋润晶莹，釉面开细碎纹片。

北宋　瓯窑青釉双系瓷罐

口径9.0厘米，底径5.3厘米，高11.5厘米

　　口沿略外卷，短颈，斜肩椭圆腹，下部渐收，平底。肩部横置对称双系，并饰一道弦纹。灰白胎，胎质细密。施青釉，细腻匀净，施釉不及底。

宋　青釉瓷双灶

底长14.2厘米，宽9.5厘米，高10.0厘米，灶直径7.3厘米

　　长方形，双灶眼并列，中有间隔，两个灶眼上置锅，两个火门呈尖拱形。灶腹饰褐彩纹，色彩褐中偏黑。黄色胎，施青褐色釉，底部未施釉。

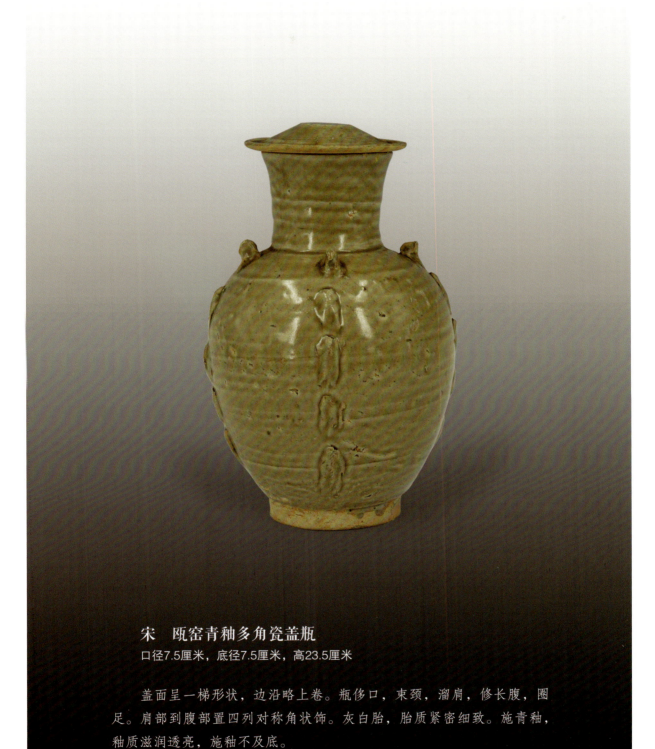

宋　瓯窑青釉多角瓷盖瓶

口径7.5厘米，底径7.5厘米，高23.5厘米

盖面呈一梯形状，边沿略上卷。瓶侈口，束颈，溜肩，修长腹，圈足。肩部到腹部置四列对称角状饰。灰白胎，胎质紧密细致。施青釉，釉质滋润透亮，施釉不及底。

宋 影青莲瓣纹瓷盖罐

口径2.5厘米，底径4.0厘米，高7.5厘米

盖顶内凹，盖面微弧，刻划莲瓣纹。罐敛口，弧腹，平底，腹壁刻划莲瓣纹。灰白胎，胎体薄，胎质细腻。釉似白而青，釉层匀净滋润。

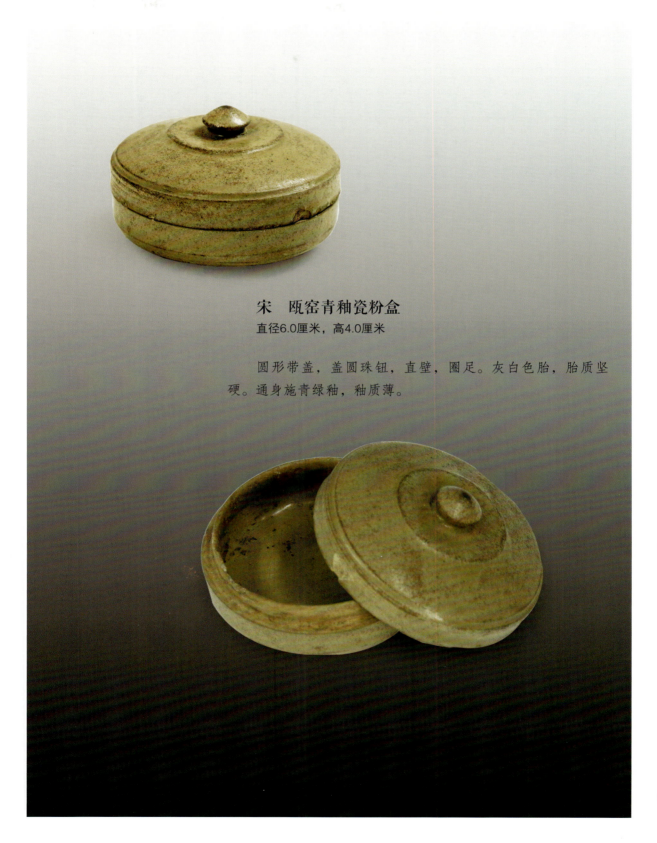

宋　瓯窑青釉瓷粉盒

直径6.0厘米，高4.0厘米

圆形带盖，盖圆珠钮，直壁，圈足。灰白色胎，胎质坚硬。通身施青绿釉，釉质薄。

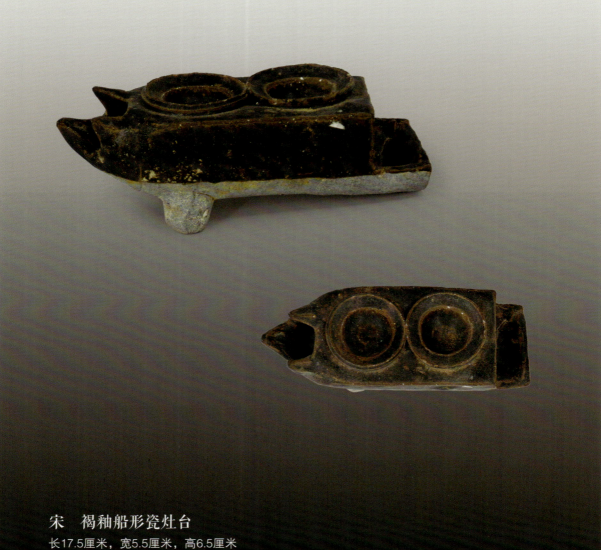

宋　褐釉船形瓷灶台

长17.5厘米，宽5.5厘米，高6.5厘米

呈船形，灶前端设有阶梯状凹槽挡火墙，灶门呈半圆形，灶腹直壁；灶尾三个角，尖而上翘，中为出烟口。开两个灶眼，上置两釜，底端靠近尾部有两足，使尾端呈上翘姿势。灰色胎，胎质坚硬。施褐釉，施釉不及底。

宋　瓯窑青釉流口瓷瓶

口径4.7厘米，底径6.5厘米，高17.5厘米

盘口，短颈，溜肩，圆腹下收，平底内凹。口沿置一流口。浅灰色胎，胎体厚，致密坚硬。通体施青绿釉，匀净滋润。

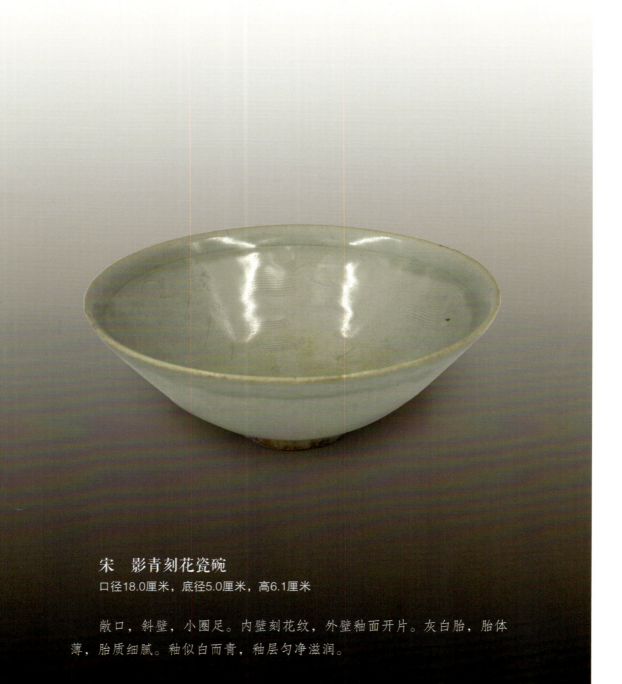

宋　影青刻花瓷碗

口径18.0厘米，底径5.0厘米，高6.1厘米

敞口，斜壁，小圈足。内壁刻花纹，外壁釉面开片。灰白胎，胎体薄，胎质细腻。釉似白而青，釉层匀净滋润。

宋　影青刻花芒口瓷碗

口径18.0厘米，底径5.0厘米，高6.1厘米

敞口，斜壁，小圈足。内壁刻花纹，口沿露胎形成芒口。灰白胎，胎体薄，胎质细腻。釉似白而青，釉层匀净滋润，釉面开片。

南宋　龙泉窑青釉双鱼瓷洗

口径11.5厘米，底径5.5厘米，高4.0厘米

敞口，板沿，弧腹，圈足。内底模印头尾
相反的双鱼。灰白胎，胎体略厚，胎质细腻。
除圈足底端外通体施淡青釉，釉质细腻温润，
光亮可见。

元　龙泉窑青釉瓷小盖罐

口径4.1厘米，底径4.4厘米，高7.4厘米

盖为弧面，上饰花瓣纹，盖子口。罐敛口，圆腹，圈足。胎质坚硬，施青釉不及底，釉面开冰裂纹。

明　龙泉窑青釉瓷大盘

口径43.4厘米，底径23.3厘米，高7.5厘米

敞口，宽沿外折，微弧腹，圈足。口沿饰缠枝纹，内底刻划荷花纹。外壁下腹饰两道弦纹。灰白胎，胎体厚重，胎质细腻。通体施青釉，釉色青中泛黄，明亮光洁。

明　龙泉窑青釉划花瓷盘

口径17.5厘米，底径8.0厘米，高4.5厘米

敞口，微弧腹，圈足。内壁刻划花卉纹。灰白色胎，胎质致密。通体施淡青釉，釉质细腻，釉面开冰裂纹。

明　龙泉窑青釉刻牡丹纹瓷缸

口径37.5厘米，底径17.5厘米，高21.0厘米

　　敞口，圆唇，壁微弧，脐底。外壁用两道双弦纹分成三块，上面刻云纹，中间刻牡丹纹，下面刻花瓣纹。灰色胎，胎质紧密。施青绿色釉，釉质细腻，匀净透亮。

明 龙泉窑青釉瓷香炉

口径25.5厘米，底径10.0厘米，高8.5厘米

平沿敛口，弧腹，小圈足。腹下置三个外撇的兽面纹足，三足高于圈足，起支撑作用。口沿下饰一道凹棱夹六鼓丁，下腹饰三道凹棱，最底一道凹棱夹六鼓丁。灰白胎，胎体厚重，胎质坚硬。除内外底通体施淡青釉，滋润晶莹，釉面开冰裂纹。内底和圈足无釉呈锈色。

明　龙泉窑青釉缠枝花卉纹瓷梅瓶

口径6.5厘米，底径13.0厘米，高30.0厘米

直口，圆唇，粗直颈，丰肩，腹部以下渐收，胫足部外撇，圈足。颈部饰竖条纹，腹部上下各饰双弦纹，肩部至腹部饰缠枝花卉纹，胫部饰凹凸纹，有一道凸棱连接圈足。胎呈浅灰色，胎体厚重致密。施青绿釉，光亮莹润，釉面开满冰裂纹。

明 龙泉窑青釉三足瓷洗

口径30.5厘米，底径19.0厘米，高12.0厘米

平沿外展，敛口，束颈，弧腹，小圈足。腹下置三柱足，三足高于圈足，起支撑作用。颈部划重线水波纹，颈部和腹部刻划花纹。灰白胎，胎体厚重，胎质细腻。除内外底通体施青釉，釉层透明，光洁莹润，釉面开冰裂纹。内底和圈足无釉，呈朱红色。

清（康熙） 玉堂富贵青花瓷粥罐

口径22.0厘米，底径10.7厘米，高16.5厘米

平沿，束颈，弧腹，矮圈足。外壁以青花绘牡丹、兰花、仙鹤等，青花发色深蓝艳丽。胎色白净，胎体致密。外壁施白釉不及底，釉质纯净细腻。

清（光绪） 粉彩鱼藻纹瓷缸

口径41.0厘米，底径22.5厘米，高37.0厘米

　　宽平沿，敛口，弧腹，平底内凹。绘饰图案以粉彩为主，五彩为辅。口沿绘花卉纹，缸内绘鱼藻纹。外壁共绘五层图案。上面三层分别为动物纹、回纹、云纹间绘花卉蝴蝶纹，二层三层中间饰一道凸棱。中间为主题图案：两条龙穿梭在缠枝花卉之间。最下层为云纹间绘花卉纹。灰色胎，施白釉，釉面略泛青色，施釉不及底。

清　青花葡萄花卉纹将军瓷罐

口径5.4厘米，底径10.2厘米，高29.2厘米

　　宝珠形钮，将军帽形盖，盖子口。罐直口，粗颈，丰肩，鼓腹下敛，撇足平底内凹。肩部以青花绘云头纹一周，腹部开窗绘葡萄花卉纹，枝叶、藤蔓、果实绘饰生动而翔实，青花发色蓝中泛紫。白胎，胎质细腻。施白釉，釉面光润闪青，细腻晶莹。

清　外酱釉里青花花卉纹瓷碗

口径15.6厘米，底径7.2厘米，高7.5厘米

敞口，弧腹，圈足。底足平切，底边笔直。碗内施白釉，釉下饰青花花卉纹。外壁施酱釉，呈酱色。底面施白釉，绘青花纹饰。胎质细腻。青花发色蓝黑。

文成文物

馆藏文物卷

钱币

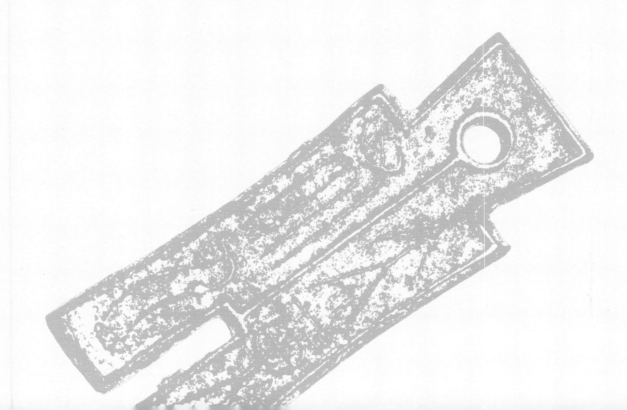

战国　银贝币

重2.38克，长2.45厘米，宽1.64厘米

椭圆形，上尖下广，面稍微鼓突，背平，中间狭长形口，形似海贝。

商　包金贝币

上：重1.81克，长2.34厘米，宽1.64厘米，厚0.53厘米

下：重2.21克，长2.28厘米，宽1.60厘米，厚0.40厘米

椭圆形，上尖下广，面稍微鼓突，背平，面上有长形齿槽，形似海贝。

战国（楚）"君"铜币

重3.10克，长1.93厘米，宽1.20厘米

椭圆形，上圆下尖，面凸背平，面上铭一字"君"，尖端有一小孔，形似海贝。

战国（楚）"行"铜币

重4.25克，长1.86厘米，宽1.26厘米

椭圆形，上圆下尖，面凸背平，面上铭一字"行"，尖端有一圆形凹槽，形似海贝。

战国（楚）"金"铜币

重2.73克，长1.86厘米，宽1.12厘米

椭圆形，上圆下尖，面凸背平，面上铭一字"金"，尖端有一小孔，形似海贝。

战国 "一化"铜钱

上：重2.06克，直径1.97厘米

中：重1.98克，直径2.00厘米

下：重1.70克，直径2.11厘米

　　圆形方孔，面有内外郭，背平，边缘尚残留浇筑痕迹。面有"一化"两字，对读。

战国 "武"空首布币
重23.31克，长9.60厘米，宽4.39厘米

空首、斜肩、弧足、长銎，四周有郭。面有二斜纹，"武"字在二斜纹之间。背有一直二斜纹。

战国 "公"空首布币
重22.98克，长9.49厘米，宽5.30厘米

空首、平肩、弧足，銎稍长，四周有郭。面有三直纹，"公"字在二、三直纹之间。背有三直纹。

战国 "安阳" 方足布币

重5.32克，长4.74厘米，宽3.00厘米

　　平首、平肩、平裆、方足，具有周郭。面有一道直纹，两边分别有铭文"安""阳"。背因生锈损耗，模糊不清。

战国 "平阳" 方足布币

重6.02克，长4.72厘米，宽2.72厘米

　　平首、平肩、平裆、方足，具有周郭。面有一道直纹，两边分别有铭文"平""阳"。背有一直两斜纹。

战国 "蔺"方足布币

重6.25克，长4.81厘米，宽2.97厘米

　　平首、平肩、平裆、方足，具有周郭。面有铭文"蔺"。背有一直两斜纹。

战国 "襄坦"方足布币

重5.75克，长4.96厘米，宽2.82厘米

　　平首、平肩、平裆、方足，具有周郭。面有一道直纹，两边分别有铭文"襄""坦"。背有一直两斜纹。

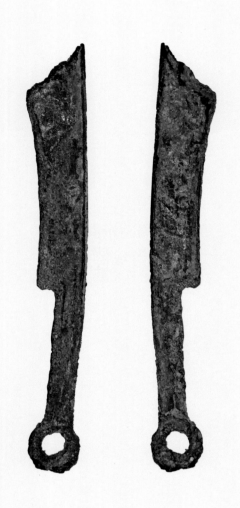

战国（燕） 尖首刀币

重13.75克，长15.01厘米，宽2.17厘米

尖首，弧背凹刃，刀身薄，刀背厚。刀柄面背有二直纹，柄端有圆环。

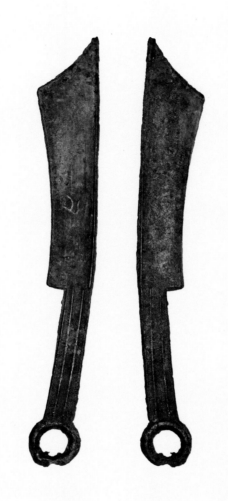

战国（燕）"行"尖首刀币

重16.06克，长15.34厘米，宽2.19厘米

尖首，背微弧，刃内凹，刀身薄，刀背厚。刀柄面背有二直纹，一端有刀环。面有铭文"行"。

战国（燕）"王"尖首刀币

重15.62克，长15.08厘米，宽2.13厘米

尖首，背微弧，刃内凹。刀柄面背有二直纹，一端有刀环。面有铭文"王"。

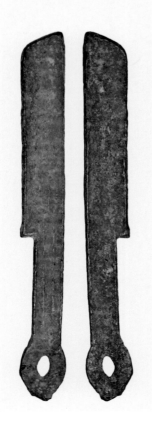

战国（赵）"甘丹"直刀币

重13.14克，长13.64厘米，宽1.62厘米

圆首，刀身平直，环孔较小。柄面有二直纹，背面无纹。面有铭文"甘丹"。

战国（齐）"齐法化"三字刀币

重44.03克，长17.91厘米，宽2.95厘米

刀身首端内凹，背呈外凸弧形，刃内凹，周边有郭，柄面上有两道平行线纹，下端有圆环。面有铭文"齐法化"。

战国（楚）"殊布当釿"背"十货"布币

重30.01克，长10.43厘米，宽3.90厘米

体长腰瘦，首阔呈倒梯形，上有大孔，平肩，平裆，下垂燕尾状两足。面铭文"殊布当釿"，背铭文"十货"。

战国 "垣" 圆钱

重10.12克，直径4.15厘米

　　圆形圆孔，无郭，钱面微鼓，背部平素，穿孔较小，边缘尚留浇铸痕迹。在穿孔右侧铸一铭文"垣"。

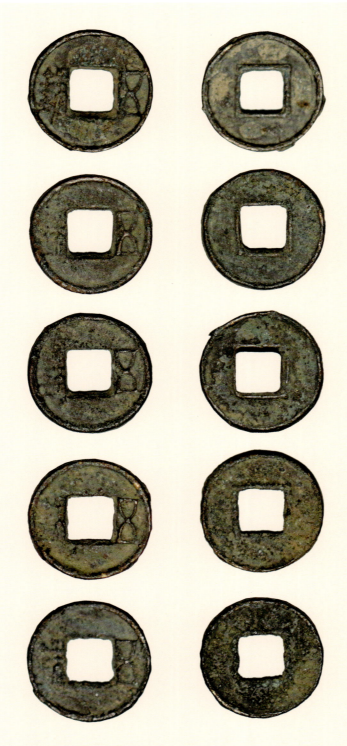

西汉 鸡目五铢铜钱

自上而下分别重0.61克、0.72克、0.90克、0.69克、0.69克，直径均为1.20厘米

圆形方孔，四周有郭，面无好郭，面有铭文"五铢"。因形小而得名"鸡目"。

新莽 "大布黄千"布币

重15.96克，长5.58厘米，宽2.43厘米

呈长条形，首部有一穿孔，平首，平肩，平裆，平足，腰身略收。正背两面皆铸中线为不通穿。面铭文"大布黄千"，自右上起逆时针旋读，布局在中线左右两侧，均匀得体，笔画流畅。

新莽 "幼布三百"布币

重3.56克，长3.85厘米，宽1.99厘米

呈长条形，首部有一穿孔，平首，平肩，平裆，平足，腰身略收。正背两面皆铸中线为不通穿。面铭文"幼布三百"，自右上起逆时针旋读，布局在中线左右两侧，均匀得体。

东汉末　蜀"五铢"铜钱

重3.31克，直径2.17厘米

圆形方孔，内外有郭。面有铭文"五铢"，分列方孔左右，右"五"左"铢"。

东汉末　蜀"直百五铢"铜钱

重4.21克，直径2.70厘米

圆形方孔，内外有郭。面有铭文篆书"直百五铢"，直读，"五铢"二字略为瘦长，"直百"二字宽矮。

三国　吴"大泉当千"铜钱

重9.74克，直径3.38厘米

圆形方孔，内外有郭。面有铭文篆书"大泉当千"，旋读。

三国　吴"大泉五百"铜钱

重7.83克，直径2.95厘米

圆形方孔，内外有郭。面有铭文篆书"大泉五百"，直读。

三国 "定平一百" 铜钱

上：重0.85克，直径1.62厘米

下：重1.15克，直径1.70厘米

钱体薄小。圆形方孔，内外有郭。面有铭文篆书"定平一百"，直读，光背。

三国 "太平百钱"铜钱

上：重1.00克，直径1.84厘米

下：重1.04克，直径1.83厘米

圆形方孔，边缘有郭。面有铭文 "太平百钱"，直读。

三国 "太平金百"铜钱

上：重1.05克，直径1.72厘米

下：重0.85克，直径1.68厘米

圆形方孔，孔较大。面有铭文"太平金百"，直读。

三国 "太平百金"铜钱

上：重0.53克，直径1.35厘米

下：重0.57克，直径1.36厘米

圆形方孔，孔稍大。面有铭文"太平百金"，直读。

三国 "太平百钱"大样铜钱
重3.17克，直径2.41厘米

圆形方孔，内外有郭。面有铭文"太平百钱"，直读，背平素。

南朝 "四铢"铜钱
重1.62克，直径2.28厘米

圆形方孔，四周有郭。面有铭文"四铢"分列孔右左，背平素。

南朝 "太货六铢" 铜钱

重3.94克，直径2.62厘米

圆形方孔，背、面内外郭静整挺拔。面有铭文"太货六铢"，直读，玉筋篆书，书体精美。背平素。

南北朝 "常平五铢" 铜钱

重2.72克，直径2.30厘米

圆形方孔，四周有郭。面有铭文"常平五铢"，直读，构架匀称，笔画圆润，"平"字上横与面穿下郭合一，设计和铸造极为考究。背平素。

南北朝　梁武帝铸"五铢"背四出纹铁钱

上：重2.16克，直径2.05厘米

下：重3.32克，直径2.09厘米

圆形方孔，内外有郭。面有铭文"五铢"，背饰四出纹。边缘尚残留浇铸痕迹。是我国首次大批量铸造的铁钱。

北魏 "永安五铢"铜钱

上：重3.33克，直径2.40厘米

下：重1.86克，直径2.25厘米

圆形方孔，内外有郭。面文"永安五铢"，直读，"永安"二字接郭："永"字下笔、"安"字宝盖与穿郭合成一线。

两晋十六国 "丰货"铜钱

重4.26克，直径2.33厘米

圆形方孔，内外有郭。面文"丰货"由右向左直读，光背。

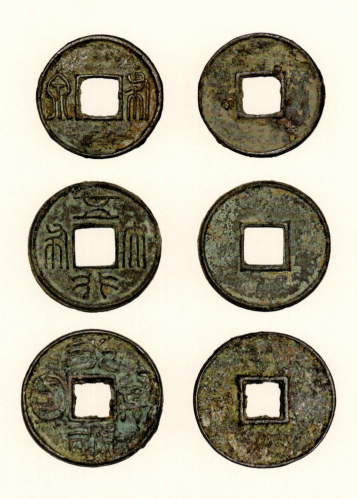

北周 "布泉""五行大布""永通万国"铜钱

上：重3.26克，直径2.58厘米

中：重3.32克，直径2.72厘米

下：重7.04克，直径2.91厘米

　　圆形方孔，内外郭齐整。面文"布泉"二字作玉筋篆横穿孔两侧，古朴端庄。"泉"字中竖不断，一线贯穿。肉实铜好，系北周三大美泉之一。

　　圆形方孔，内外有郭。面文"五行大布"玉箸篆，直读。钱文及制作极为精美，系北周三大美泉之一。

　　圆形方孔，内外有郭。面文"永通万国"，玉筋篆，直读。背平素。"永通"意为永远通行，"万国"示天下万国可用。字廓深峻，形体厚重，钱文和铸工均臻妙境，堪称"北周三品"之首钱。

唐 "得壹元宝""顺天元宝"铜钱

上：重17.68克，直径3.54厘米

下：重21.59克，直径3.63厘米

　　圆形方孔，内外有郭。面文"得壹元宝"，旋读。钱制作工整，为"思明并销洛阳铜佛所铸"，与开元钱并用，以一当开元钱一百。

　　圆形方孔，内外有郭。面文"顺天元宝"，旋读。背有月纹。钱制作工整。

唐　"建中通宝""大历元宝"铜钱

上：重2.10克，直径2.10厘米

下：重2.47克，直径2.21厘米

　　圆形方孔，面内外有郭。面文"建中通宝"，旋读。背平素。钱体薄小，铸工较粗劣。

　　圆形方孔，面内外有郭。面文隶书"大历元宝"，旋读，书体朴实有力。背平素。制作较粗陋。

五代十国 "乾德元宝"铜钱
重2.71克，直径2.49厘米

圆形方孔，内外有郭。面文隶书"乾德元宝"，旋读。

五代十国 "天汉元宝"铜钱
重2.69克，直径2.36厘米

圆形方孔，内外郭稍平。面文隶书"天汉元宝"，旋读，文字
端正，光背。形制较工整。

五代十国 "咸康元宝"铜钱
重2.98克，直径2.32厘米

圆形方孔，内外有郭。面文"咸康元宝"，旋读。形制较粗疏。

五代十国 "光天元宝"铜钱
重3.08克，直径2.35厘米

圆形方孔，内外有郭。面文"光天元宝"，旋读，"光"字略具行书意，其余三字为隶书。

五代十国 "周元通宝"铜钱

重3.91克，直径2.59厘米

圆形方孔，内外有郭，外郭较宽，内郭较细。面文"周元通宝"，仿唐"开元通宝"，隶书对读，"元"字第二笔左挑。钱文庄重、挺拔、深峻。背有纹饰。

南唐 "大唐通宝"铜钱

重2.60克，直径2.27厘米

圆形方孔，内外有郭。面文"大唐通宝"，隶书对读，做工稍粗。

五代十国 "永安一千"铁钱

重69.34克,直径5.88厘米

　　圆形方孔,内外有郭。面文"永安一千",形制独特,按照右左上下顺序读,以真书书写,却含有隶书韵味。背面光而无文,钱体厚重。

五代十国 "天策府宝"铁钱

重28.79克，直径4.15厘米

圆形方孔，内外郭齐整。面文真书"天策府宝"，旋读，光背无文，厚重浑朴。

北宋 "崇宁通宝"小平铜钱

重3.47克，直径2.47厘米

圆形方孔，内外有郭。面文"崇宁通宝"，旋读，为宋徽宗手书瘦
金体，铁画银钩，精美异常。光背无文。

西夏 西夏文"大安宝钱"铜钱

重4.24克，直径2.56厘米

圆形方孔，内外有郭。面文"大安宝钱"为西夏文，旋读，光背无文。

金 "阜昌重宝"铜钱

重8.93克，直径3.53厘米

　　圆形方孔，内外有郭。面文"阜昌重宝"，真书直读，光背无文。铜钱书法甚美，铸造精整。

金 "泰和重宝"铜钱

重15.03克，直径4.35厘米

　　圆形方孔，内外有郭，边棱整齐。面文"泰和重宝"为玉筋篆，直读，由文学、书法大家党怀英书，字体清纯典雅，精美异常。光背无文。

元　"至大通宝"铜钱

重3.23克，直径2.3厘米

　　圆形方孔，内外有郭，边廓深峻。面文"至大通宝"，楷书直读。光背无文。

元　蒙文"大元通宝"铜钱

上：重21.80克，直径3.89厘米
下：重20.75克，直径4.15厘米

　　圆形方孔，内外有郭。面文"大元通宝"为蒙古文，也称八思巴文，直读。光背无文。

元 "至正通宝"铜钱

自上而下分别重：3.40克、6.11克、9.46克、22.04克、
直径分别是：2.71厘米、3.02厘米、3.61厘米、4.33厘米

    圆形方孔，内外有郭。面文"至正通宝"，楷书直读，笔画粗壮厚实。背穿上有一蒙古文，穿下有汉字"二""二""三"，最后一个因生锈损坏看不清晰。

元 "至正通宝"背"午"铜钱

重8.84克，直径3.19厘米

圆形方孔，内外有郭。面文"至正通宝"，楷书直读，背穿上有蒙文"午"。

元 "天定通宝"小平铜钱

重3.62克，直径2.38厘米

圆形方孔，内外有郭。面文"天定通宝"，楷书直读，光背无文。

元　"天定通宝"折三铜钱

重9.28克，直径3.19厘米

　　圆形方孔，内外有郭。面文"天定通宝"，楷书直读，光背无文。钱书法俊秀，制作精整。

元　"天佑通宝"背"五"铜钱

重11.90克，直径4.06厘米

　　圆形方孔，内外有郭。面文"天佑通宝"，楷书直读，背有篆书"五"字，为折五钱，因生锈损坏，字迹已模糊不清。钱字体端庄秀美，制作精整。

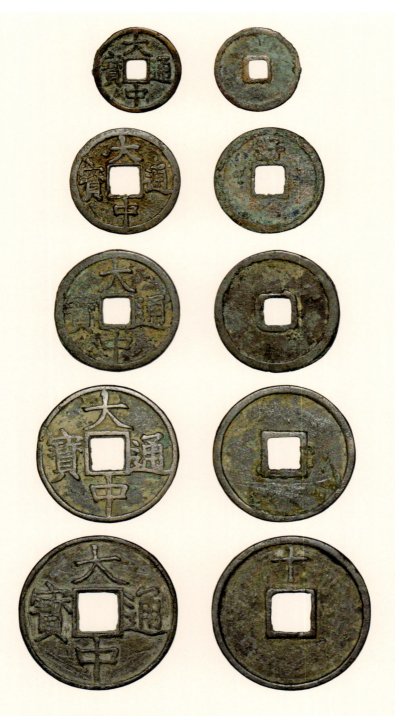

明 "大中通宝"铜钱

自上而下分别重：4.15克、4.28克、7.95克、16.52克、23.95克

直径分别是：2.31厘米、2.76厘米、3.26厘米、4.10厘米、4.58厘米

　　圆形方孔，内外有郭。面文"大中通宝"，楷书直读，第一、三、四枚光背无字，第二枚背有"浙"字，为当时行省简称，第五枚背有"十"字，表"当十"之意。此钱铸造较为精美。

清　满文"天命通宝"铜钱
重6.97克，直径2.75厘米

　　圆形方孔，内外有郭。面铭"天命通宝"为满文，读法顺序为穿左右上下，读音依照顺序为"阿铺凯、福灵阿、汗、几哈"，汉语译为"天命大汗之钱"。光背无文。

清　"金钱义记"铜钱
重15.97克，直径3.85厘米

　　圆形方孔，内外有郭，边缘有点风化。面文"金钱义记"读法顺序为穿右左上下，对读；背穿左右是两个方形连结图。

南宋 "保佑坊南郭顺记"一两金叶子
重35.53克，长9.81厘米，宽3.90厘米

　　长方形，共十页折叠成。每页中间有戳记"郭顺记"三字，这是指金银铺主或金银匠名。四角有戳记"保佑坊南"四字，这是显示铸造该金叶子的金银铺所在的方位。铭文"保佑坊"是南宋时京城临安的街名，"保佑坊南"位于著名酒楼五间楼的南部，在猫儿桥附近。南宋金叶子，或称叶子金。金叶子是折叠状金箔，薄如纸，形状似书页。因黄金是贵金属，所以当时不直接参与日常商业流通。这种黄金货币的制作形态是南宋创制的。

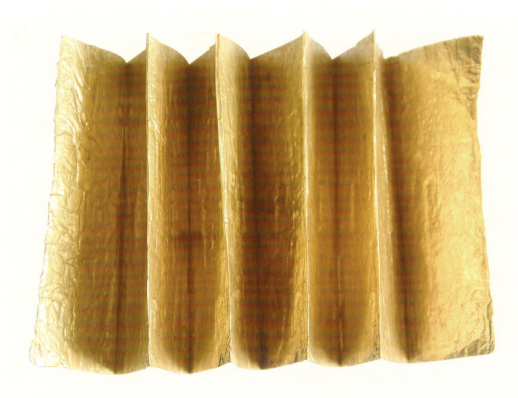

南宋 "天水桥东周五郎铺"一两金叶子

重36.24克，长9.80厘米，宽3.85厘米

　　长方形，共十页折叠成。每页中间有戳记"周五郎铺"四字，这是指金银铺主或金银匠名。四角有戳记"天水桥东"四字，这是显示铸造该金叶子的金银铺所在的方位。"天水桥"，位于临安城北部，为市河上的一座桥。

清 浙江"汤溪"五两银锭

重138.41克，直径4.70厘米，高2.60厘米

圆形，锭面呈凹形，中间乳钉突起。锭面上有三个长方形戳记："一横"为"汤溪"，"二竖"右为"协丰"，左为"拾捌年"。

清　浙江"龙泉"五两银锭

重117.18克，直径4.80厘米，高2.60厘米

圆形，锭面呈凹形，中间乳钉突起。锭面上有三个戳记，呈三角形，分别为："龙泉""敦裕""捌年"。

清　云南"库"牌坊五两银锭

重158.16克，长5.90厘米，宽3.80厘米，高1.60厘米

呈牌坊造型。锭面左右和正中均戳盖"周宝铨号汇号纹银"字样，中间钤"库"字圆形戳记，牌坊双梁上分别打"官公估畲庆盛看""官公估童福盛看"珠边戳记。

清　山西"晋泰银号"五两银锭

重171.38克，长4.60厘米，宽3.10厘米，高2.40厘米

属腰锭，束腰形。面铭文为"晋泰银号"，"晋"字两旁有干支纪年铭文"卯中"，字体清晰。

清　道光四年山西票号忻州万盛和一千五百文券

长12.0厘米，宽22.3厘米

　　四周防伪框型，顶上为蓝色文字，下面外框外一层为几十幅蓝色版画，里面一层为红色文字。框内上部有红色"忻州万盛和"字样，票内墨色文字采用手写，编号、面额、年份、印章俱全，朱红印清晰可辨。此票是研究清代货币及相关文化现象的珍贵实物资料。

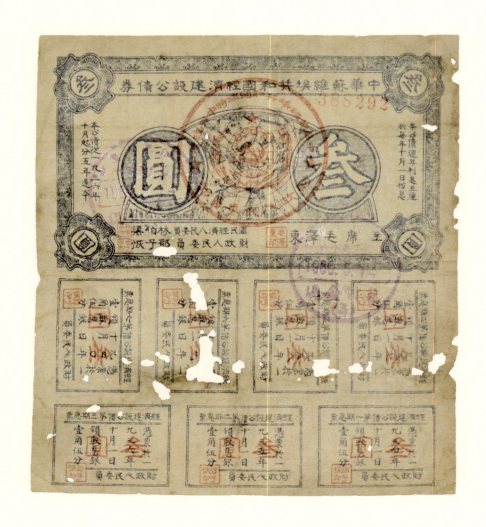

1936年　中华苏维埃共和国经济建设公债券叁圆券

长13.7厘米，宽15.4厘米

　　券采用单面石印印刷，面额叁圆，分上、下两部分。上半部为公债正票：四周为蓝色花框，印有"中华苏维埃共和国临时中央政府财政人民委员部"和主席"毛泽东"、国民经济人民委员"林伯渠"、财政人民委员"邓子恢"的印章；下半部分为公债副券：印有财政人民委员"邓子恢"印章的七枚分年付息的息票。票正面和背面分别印有两个紫色印章："中国人民银行吉水县支行1980.5.14现金付讫（3）。"此票是研究革命时期货币及相关文化现象的珍贵实物资料。

档案文书

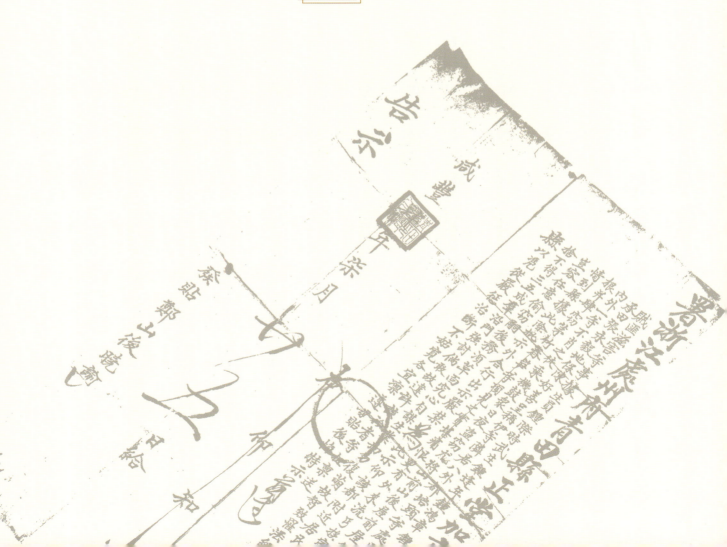

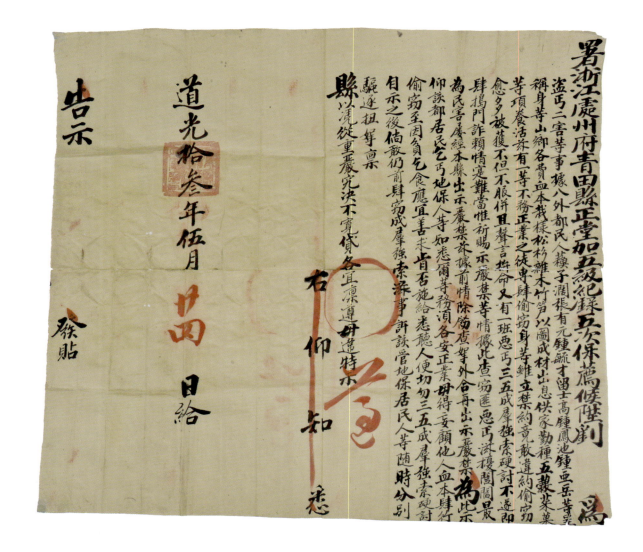

清　道光十三年署青田刘知县关于严禁盗丐的告示

长62.2厘米，宽55.9厘米

　　纸质，黄底，墨书手写。日期处钤一方朱文印。内容为八外都有一群盗丐偷窃、诈赖、寻衅滋事，村民联名叩请立禁，特立此禁约，违之扭送官府从严惩治。

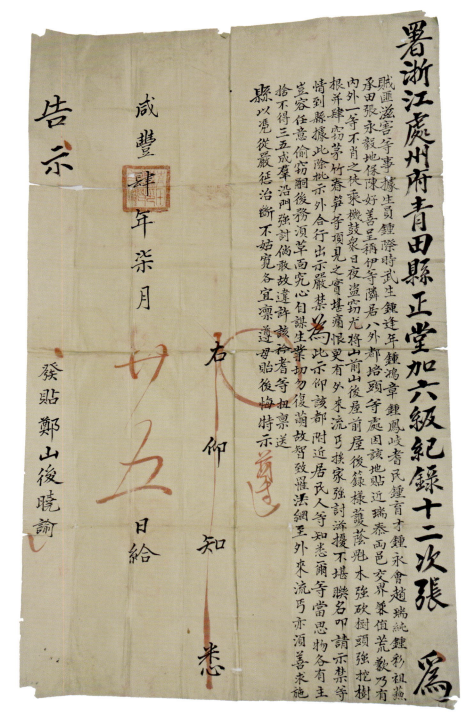

署浙江處州府青田縣正堂加六級紀錄十二次張　為

賊匪滋害等事　據生員鍾際時武生鍾逢年鍾鴻章鍾鳳岐耆民鍾育才鍾永魯趙瑞純鍾彩祖燕

承田張永毅地保陳好善呈稱伊等鄰居八外都培頭守處因該地貼近瑞恭兩邑交界兼值荒歉乃有

內外一等不肖之徒乘機鼓衆日夜盜竊尤將山前山後廬屋前屋後籙樣護蔭栽木強砍樹頭強挖樹

根并肆竊筍春竹笋等項見之實堪痛恨更有外來流丐撲家強討滿擾不堪聯名叩請示禁等

情到縣據此批示外合行出示嚴禁　為此示仰該部附近居民人等知悉爾當思物各有主

豈容任意偷竊嗣後務須洗心自謀生業切勿復萌故智致罹法網至外來流丐亦須善求施

捨不得三五成羣沿門強討倘敢衿者等扭禀送

縣以憑從嚴懲治斷不姑寬各宜凜遵毋貼後悔特示

右仰知悉

咸豐肆年柒月　廿五　日給

癸貼鄭山後曉諭

告示

清　咸丰四年署青田张知县关于严惩贼匪的告示

长53.5厘米，宽90.0厘米

纸质，黄底，墨书手写。日期处钤一方朱文印"青田县印"，汉文和满文各一遍。内容为八外都培头有一群不肖之徒盗窃、乞丐强讨，村民联名叩请立禁，特立此禁约，违之扭送官府从严惩治。

其他

清　錾刻人物故事纹大银锁

重202.86克，长16.00厘米，宽12.00厘米，厚2.00厘米

　　如意云头纹锁，正反两面皆錾刻人物故事纹，一面正上方用小珠圈分别圈着"琴瑟友之"四字，一面正上方用小珠圈分别圈着"福喜禄"三字，寓意非常美好。雕刻精美，人物活灵活现。

清　金鱼纹点翠银耳环

重18.34克，长6.50厘米，宽2.50厘米

主体为倒挂金鱼纹，鱼嘴系镂空半球形带流苏挂饰，左右鱼鳍上都系有流苏。金鱼点翠，其余鎏金。立体的金鱼活灵活现，十分精美。

清　双龙戏珠银项箍

重480克，长23厘米，宽19厘米

　　椭圆形，器表烧蓝，只是基本脱落。器主体为相对双龙纹，一边龙头的两龙须合成一股缠银丝，并绕出挂钩；另一边龙头的两龙须相互缠绕银丝，直接穿透一颗红玛瑙并绕出环眼，形成双龙戏珠图。器身正面錾刻花卉纹和鸟兽纹，反面为素面。工艺十分精良。

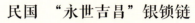

民国 "永世吉昌"银锁链

重142.43克，通长42.00厘米，通宽6.00厘米，锁厚2.00厘米

如意云头纹锁，正面錾刻"永世吉昌"四字，反面素面。链子由三十一个缠绕成三圈的回形圈连成，回形圈中间同样缠绕三圈将其分成两段。

民国　缠枝花卉纹银项圈

重79.08克，通长23.40厘米，通宽18.70厘米，珠直径1.80厘米

　　项圈呈椭圆形，錾刻缠枝花卉纹。圈身对称处饰两个圆球和四处回字纹，把项圈分成六段。开项圈处应该有一个扣之类的，已断裂无考。工艺十分精良。

民国 "永保千秋" 龙头纹银锁链

重78.11克，通长44.50厘米，锁宽8.60厘米，锁厚1.30厘米

如意云头纹锁，正面錾刻"永保千秋"四字，反面錾刻人、鹿、花草纹，两面皆有两条龙纹环绕。锁下端坠有五个石榴纹铃铛。器表鎏金。

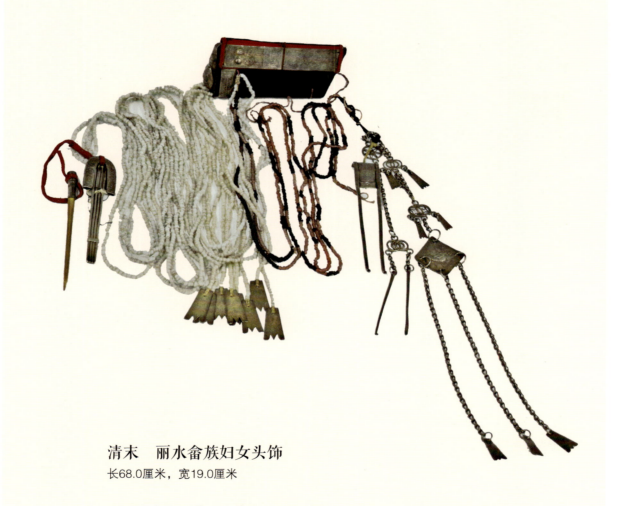

清末　丽水畲族妇女头饰
长68.0厘米，宽19.0厘米

　　主要分为缠头纱、凤箍和头抓三个部分，由银、彩布和各色珠子组合制成。每年的"三月三"或者有大型节日活动时，畲族妇女所戴的头饰。

民国　福安畲族尖顶头饰

长19.0厘米，宽11.5厘米，高69.0厘米

　　支架用毛竹、笋壳制成，主要由两部分组成。上半部分为红白格子布做成尖顶扁锥体，正面三边包红棉布，边上各缝制四片四边形刻花银片，在尖顶位置缀以桃红色流苏。下半部分用黑色棉布包裹笋壳，正面饰以两片长方形錾花银牌，银牌中间凸起一条纹线，看似红头绳；银牌两边各缝饰一串由青、蓝、绿色组成的玻璃珠长链子；银牌下沿系三串如意纹银锁，锁下又系多串各样形状的刻花银片和蓝色玻璃珠。头饰富有畲族特色。

清　五额朱漆木雕戏曲人物拔步床

长3.32米，宽2.14米，高2.42米

　　属二进拔步床，实木榫卯结构，结实稳固。一进和二进床面全部刻画浮雕鎏金戏曲人物像和吉兽，色泽艳丽。前床额四层，每层悬柱柱头雕刻凤凰及花卉；床前挂落为鎏金双凤透雕，上书"鸾凤和鸣"；内屋床前上书"熊罴叶梦"。床后部和两侧立格扇。此床工艺非常精细，有一定的艺术价值，是作为"嫁妆"制作的。

　　拔步床的特点是架子床外增加了一间"小木屋"，从外形看似把架子床放在一个封闭式的木制平台上，平台长出床的前沿二三尺，平台四角立柱，镶以木制围栏，两边安有三扇窗户，使床前形成一个回廊，虽小但人可进入，人跨步入回廊犹如跨入室内，两侧可以安放桌、凳类小型家具，用以放置杂物。这种床形体很大，床前有相对独立的活动范围，虽在室内使用，但宛如一间独立的小房子。

民国　美国胜家品牌手摇缝纫机
长43.0厘米，宽16.5厘米，高23.6厘米

　　此手摇缝纫机生产于二十世纪二三十年代的美国，为美国著名的胜家品牌产品。为手提式，罩木质半环形盖；器表画了金黄色的纹饰，在机器上方印着金黄色的"SINGER"标志，为机器生产公司名。

　　1851年，一位名叫列察克·梅里瑟·胜家（SINGER）的美国人发明了一种代替手工缝纫的机器——手摇式缝纫机。这个革命性的发明被英国当代世界科技史家李约瑟博士称之为"改变人类生活的四大发明"之一。

　　"SINGER"一度成为世界优秀缝纫机产品的代名词。

　　缝纫机虽然已经逐渐退出了历史舞台，但其在促进生产力和社会发展方面有着举重若轻的作用。

图书在版编目（ＣＩＰ）数据

文成文物. 1，馆藏文物卷 / 文成县博物馆
（文物保护管理所)编. —— 杭州 ： 西泠印社出版社，
2023.11
　ISBN 978-7-5508-4299-1

　Ⅰ．①文… Ⅱ．①文… Ⅲ．①博物馆－文物－介绍－
文成县 Ⅳ．①K872.554

中国国家版本馆CIP数据核字(2023)第190164号

文成县博物馆（文物保护管理所）编

文成文物

不可移动文物卷

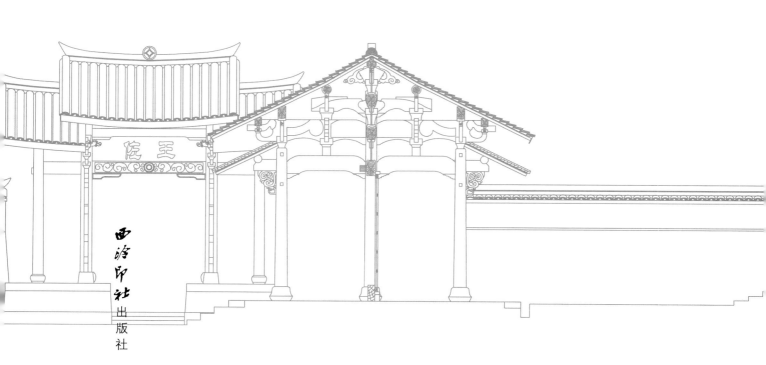

西泠印社
出版社

《文成文物·不可移动文物卷》编辑委员会

主　　任：王孟森

副 主 任：林增金

统　　筹：吴海红

主　　编：纪熠明

副 主 编：程静静　周素颜　赵小婷　钟陈颖

编委（按照姓氏笔画排列）：

　　　　纪熠明　陈依倩　吴徐潇　周素颜　郑蕾蕾

　　　　赵小婷　钟陈颖　夏　齐　程静静

序

这是一本厚重、实用、及时的书。

近些年来，随着文成县城镇化进程的不断加快，如南田将军屋、大峃陈宅、黄坦邢宅等一批精美又具有地方特色的建筑，由于改建、失修、走水等原因，快速地消失在人们的视线之中。其中最为可惜的是龙川老街，这条长约450米的街道，由条石铺就，有一条供人们饮水做饭的清冽小渠沿街而下，两侧有银楼、店铺、客栈，以及数座精工细作雕梁画栋的三进大院，是浙南少有的完整保留了旧时埠头地模样的古街。前后不过十余年光景，它便踪迹难觅了。

它们的消失并非一人一事之失，而是现实利益纠葛、观念分化，以及经济社会发展水平、自然规律等多种因素相互作用的结果。

从利益纠葛和观念来看，影响文物保护的主要有三个群体。一是关注但没有利益关系的群体，主要由知识分子、退休干部和地方文化研究者组成，他们不断呼吁政府投入更多的资源，采取更多措施来加强文物保护工作。他们的呼吁强而有力，常常引起领导和民众的重视。二是日常生活与这些古旧建筑密切相关的人们，他们的观念和利益常常与文物保护冲突，比如居住在闹市老屋的民众，会嫌老屋拥挤、破旧、阴暗、潮湿；居于山野荒僻处的人们，大多进城谋生，无力或不愿维护老宅，任由风损雨坏；在庙宇祠堂生活，执事的僧侣、耆老，则常常会嫌庙祠低矮、狭小，不能激发信众族人的热情；服务于宗族的宗长，又常常会以为祖茔不宏、雕琢不精，不能彰显宗族荣耀。他们都有强烈的重建、改建诉求。设身处地地从他们的角度加以考虑，他们的一些诉求是情有可原的。特别那些十数户挤在一座四面屋中人家，生活确实不方便。荒村之中的旧宅，也委实无力维护。三是与文物保护有关联的县乡干部群体，他们往往更多的着眼于本地的经济建设，而不可移动文物保护又与城市开发建设存在一定的冲突，保护文物的经济代价十分高昂。而从个人政绩与责任风险角度考察，增加辖区内任何一处文物保护单位，都类似于自寻苦吃，需要承担额外的风险。

从客观规律的角度来看，文物毕竟是老旧之物，保护能延续它们的存续时间，却难以拉近它们与现实生活的距离。这也是文物活化利用工作为什么这么难的原因所在。文成县现有全国重点文物保护单位一处两点，省级文物保护单位八处，县级文物保护单位、点一百三十三处。除了刘基庙外，大多都落寞于人们的生活之外，人迹罕至，野草横生，青苔滋漫，有时"文物"一词几近于破旧之物的代称。这在很大程度上削弱了民众对文物保护的理解和支持。

此外，经费的困顿也是常态，虽然近年县政府不断加大经费投入，加强政策支持，使我县文物保护水平有了很大的提升，但与文物保护庞大的需求相比还有不小的差距。

面对这些现实环境，文成县博物馆以纪熠明为首的一群年轻人，努力探索既有条件下的文物保护途径，本书是他们一系列成果中最具基础作用的一个。本书从文成县文物保护单位（点）、第三次全国文物普查点、古村落中择选了具有代表性的文物（村落）九十九处，用精心制作的图片加简要说明的方式，向读者展示文物的特色和精美细节，以期能增进干部群众对文物的认识，弥合各群体之间的观念差异，推动形成重视文物保护工作的共识。这种做法很有针对性，效果值得期待。

本书里的许多地方，我都曾去过多次，每次走近这些历经风雨消磨的古老建筑，聆听凝固在时光里的故事，感受历史的风起云涌，匠人的匠心独运，民众的审美意趣，仿佛时光凝滞。它们对许多人来说，不只是熟悉的旧物，还是浓厚乡愁的寄托。希望在文成县博物馆年青一代的努力下，这些经岁月梳篦的珍贵文物能更久的存在于我们的生活之中。也希望他们能再接再厉，扎根文成的文物保护工作，勇于探索，取得更多的优秀成果，为文成的文物保护事业开辟新通途。

郑文清

2023年4月

目录

亭阁

桥梁

墓葬

遗址

石窟寺及石刻

牌坊

红枫古道

民居

爱得我所？

山居的先民，或汲汲营营而居于闹市，或漱石枕流处于田园；或构深宅大院雕梁画栋，或筑静逸小院清雅脱俗……

皆得其所矣！

文成县现保存完整的民居有十二处，风格迥异，古朴优雅。

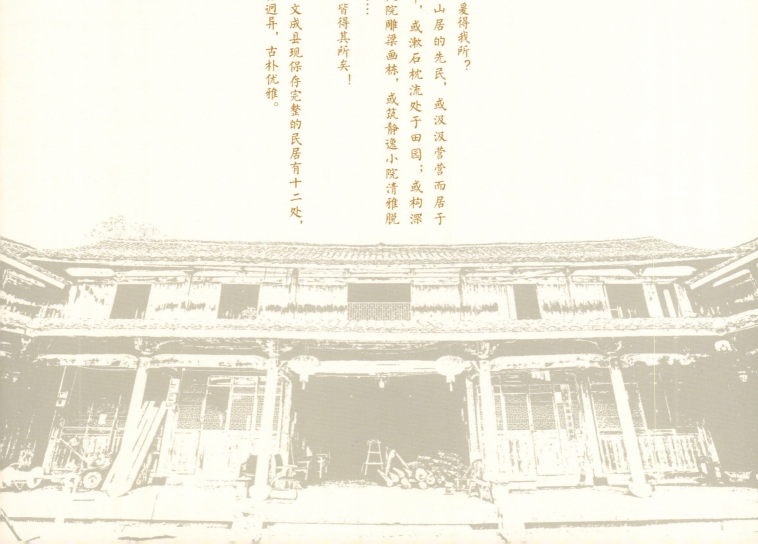

7.920

±0.000

正屋横剖面图

养根施宅

　　养根施宅位于周山畲族乡益群村，坐北朝南，清咸丰年间（1851—1861）所建，由门厅、厢房、正屋组成，为二层木构合院式建筑。施宅整体建于台基之上，除正面外三面设排水沟，中间天井四角设排水孔，以暗沟相连。门厅原为七开间，后加建一间，双落翼式悬山顶，上铺小青瓦，叠瓦脊。门厅一层明间进深七柱11.47米，设后廊，夯三合土地面，二层明间进深七柱十一檩，中柱分心前后双步梁带双步梁带单步梁。门厅后为天井，四周为青石阶条石，正屋一侧两个角向内倒角，四角设置排水孔，以暗沟相连。厢房面阔三开间，两层，前设廊带腰檐，后设披檐，屋顶铺小青瓦，东西厢房形制一样。正屋面阔七开间，明间一层进深七柱11.56米，二层进深七柱十一檩，中柱分心前后带双步梁带双步梁带单步梁，前廊设美人靠，屋面为双落翼式悬山顶，双上铺小青瓦，叠瓦脊。

斗　拱

月　梁

正　屋

二层美人靠　　　　　　　侧面一角　　　　　　　格扇门

全　景

施宅前为青砖立砌的广场，左侧有假山、水渠、水池等园林景观，右侧为绿化，后侧为山坡，是周山畲族乡现唯一一座保存完整的古民居。

2017年1月，施宅被列入浙江省第七批省级文物保护单位。

浙江省图书馆临时办公旧址

浙江省图书馆临时办公旧址（刘耀东故居）位于文成县南田镇九都村城底自然村谢塘岸，坐西北朝东南，建于民国六年（1917）。由前屋、门台、厢房、正屋组成，为合院式木构建筑。前屋五开间带左右耳房，明间为通道，前檐置门台，门台砖砌仿木构，小青瓦屋面，门框用青石质条石，上阴刻对联，两侧与不规整块石垒砌的前屋围墙相接。两边厢房均四开间、两层。正屋建于陡板石砌筑的台基上，上压阶条石，面阔五开间带左右耳房，明间进深七柱13.55米，二层明间六柱十檩，中柱前后双步梁带前后双步梁再带前单步梁，底层前双步廊，前廊使用双挑檐檩，上刻凤凰、花草图案，雀替、抱头梁、月梁雕刻精细，花岗岩质鼓形柱础，屋面悬山顶，夯土地面。天井甬道为规整花岗岩质条石铺砌，两旁由块石铺就。

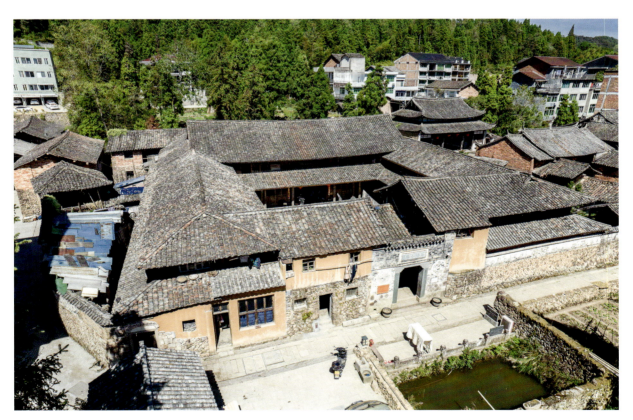

全 景

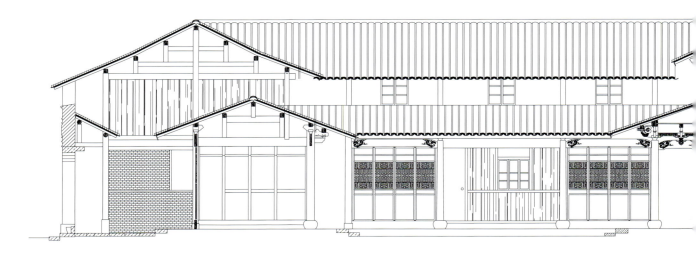

浙江省图书馆临时办公旧址中轴图

屋面一角　　　　　　　　　　　　　　　　圆　镜

悬　柱

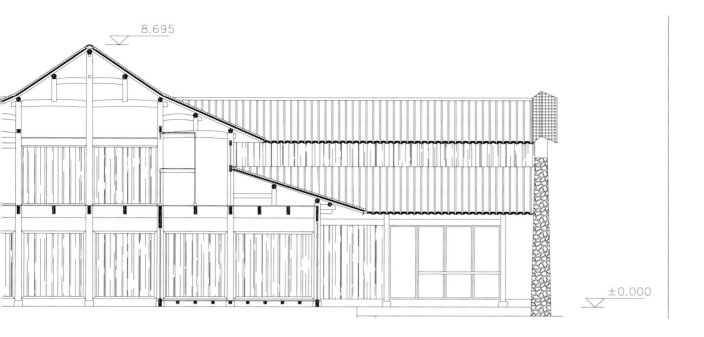

8.695

±0.000

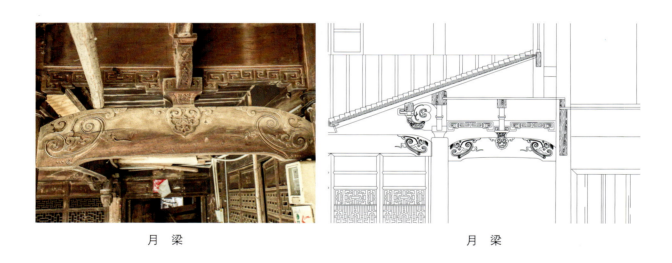

月　梁

月　梁

刘耀东（1877—1951），字祝群，别号疾庵居士。著作有《刘文成公年谱》《南田山志》《南田山谈》，并编纂出版《括苍丛书》一、二集计二十六册及《石门题咏录》等。与缙云赵明止、龙泉吴梓培、松阳吴冠甫，被誉为"括苍四皓"。

1942年，日军进犯浙江，杭州沦陷，浙江省图书馆自碧湖迁往南田刘南耕祠，1944年8月，省通志馆又自云和大坪迁至此地，刘南耕祠曾为当时的办公室，所有图书经岭根岭运藏于刘耀东民居内。

2012年12月，浙江省图书馆临时办公旧址被列入文成县第七批县级文物保护单位。

刘兆祥旧居

刘兆祥旧居位于文成县南田镇九都村新宅自然村参政路19号，坐东北朝西南，建于民国时期（1912—1949），由门台、厢房、正厅组成，为合院式砖木建筑。门台砖砌仿木构，双落翼式硬山顶屋面，两端塑卷草状脊头，紫红色花岗岩质门框上阴刻对联，门楣上阴刻"西山挹秀"四字，与两侧块石砌筑的围墙相接。左右厢房均两层三开间。正屋五开间带左右双耳房，明间进深七柱12.74米，二层明间七柱十一檩，中柱前后双步梁带前后双步梁再带前后单步廊，屋面悬山顶，平脊叠瓦，盖小青瓦，二楼设推拉板窗，前出腰檐，檐口置封口木。

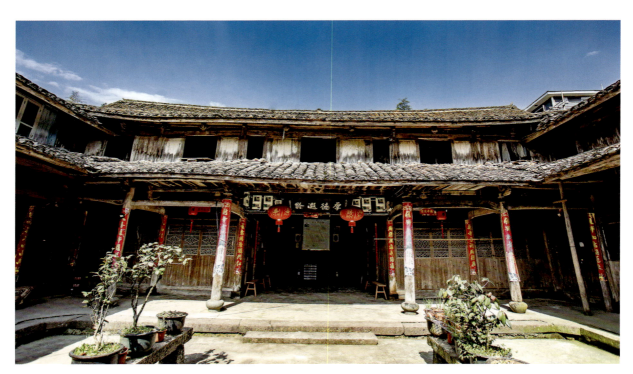

正屋　明间挂耀东书"厚德遐龄"匾额

板　门　　　　　　　　　　　　格扇门

门台背立面

　　刘兆祥（1906—1998），少将，字友忠，历任国民党直属东京总支部干事、仙台直属党支部常委兼任工商联合总会主席、南京首都警察厅督察员、军事委员会特检处浙江省上校所长等。1931年"九·一八"事变后，组织旅日华侨180人参加抗日义勇队，任分队长，1932年参加"一·二八"淞沪抗战。后赴台定居。1990年返乡探亲，捐资11万元修建刘基庙、伯温图书馆、参政公祠、忠节公祠等。

　　2012年12月，刘兆祥旧居被列入文成县第七批县级文物保护单位。

金星岗富宅

金星岗富宅，位于文成县西坑畲族镇梧溪村金星岗，坐西朝东，建于清晚期。建筑由门台、正屋、左右厢房组成，为合院式院落。门台面阔单间，仿木构建筑，中设大门，两侧门台背立面为花岗岩框柱，上承门楣，屋面为双落翼式硬山顶，两端塑凤鸟状脊头，门台下端设猫狗洞，左右两边与卵石垒砌的围墙相接，上铺青瓦，叠瓦屋脊。门台前设五级垂带踏步，两边各立清光绪壬寅年（1902）题记的旗杆石。正屋建于块石垒砌的台基上，上压阶沿石，面阔九开间，屋面悬山顶，叠瓦脊，盖阴阳合瓦，设腰檐，檐口用封檐板。明间为敞厅，二层明间进深七柱十一檩，中柱分心前后双步梁带前后双步梁带前后单步廊，设浮雕精美的屏门。次、梢间登格扇门。厢房对称各三开间，悬山顶。天井由不规整块石铺设。

正屋及厢房

月 梁

悬 柱　　　　　　　　　绦环板

门 台

2012年12月，金星岗富宅被列入文成县第七批县级文物保护单位。

桥头队叶宅

　　桥头队叶宅位于文成县公阳乡公阳村桥头队自然村，坐西南朝东北，清中期建筑，由前屋、厢房、正屋组成，为四合院院落。前屋建于块石垒砌的台基上，上压阶条石，单层，面阔七开间，双落翼式悬山顶屋面。明间为过道，进深五柱七檩，后廊设卷棚顶，地面用方形青砖错缝砌筑，后檐明间前设二级垂带踏步通天井。天井地面用方形青砖对缝砌筑。正屋建于陡板石砌筑的台基上，上压阶条石，面阔七开间，明间前设有二级垂带踏步，垂带石上刻有神兽麒麟图案，明、次间前檐设廊。底层明间为敞厅，中部设屏门，前置案桌一张，底层次、梢间均设格扇门，格心样式为一码三箭，格扇绦环板上浮雕花草器皿图案。二层明间进深八柱十一檩，中柱分心前后双步梁带前后双步梁再带后单步廊，二楼前廊设美人靠，屋面悬山顶，清水脊。东西厢房各三开间，两层，悬山顶屋面。前厅、正屋、厢房檐口均施瓦当、滴水，为花草福寿纹饰。

屋面及天井地面

前屋后廊卷棚顶

美人靠

瓦当、滴水

鹅卵石铺地

厢　房

2012年12月，桥头队叶宅被列入文成县第五批县级文物保护点。

叶文敏宅

　　叶文敏宅（第三份叶宅）位于文成县公阳乡公阳村第三份，坐南朝北，清乾隆年间（1736—1795）所建，由门台、前屋、厢房、正屋组成，为三进合院式院落。第一进门台单间，砖砌仿木构，两侧为青砖壁柱，上承青石质门楣，门楣与砖砌檐檩之间灰塑牡丹及凤凰图案。屋面悬山造，平脊，盖阴阳合瓦。门台两旁与不规整块石垒砌的围墙相接，围墙顶部铺设小青瓦。前屋与正屋均建于青石质陡板石砌筑的台基上，上压青石质阶沿石，面阔七开间，两层，屋面双落翼式悬山顶。前层略小于正屋，格局一样，明间进深用七柱十一檩，前后双步梁带前后双步梁再带前后单步廊。明间为穿堂敞厅，次、梢、尽间为阁楼，底层设格扇门，格心样式为一码三箭。前廊断面抹角方柱下用青石质方础承托，下置青石质柱顶石。前、正屋之间用厢房相接，厢房各五开间。二楼四周前廊均设美人靠，四周檐口均施喜寿花卉纹勾头、滴水。天井为石灰与碎石混合铺设。

正屋及厢房

格扇门

美人靠

瓦当、滴水

斗　拱

月　梁

该古民居格局保存完整，用材讲究，雕刻精细。

2012年12月，叶文敏宅被列入文成县第五批县级文物保护点。

王焕章宅

　　王焕章宅位于文成县黄坦镇云峰村王宅自然村，始建于清末民初，坐东北朝西南，由门台、正屋、两侧厢房及附属房组成。主体建筑为两层木构建筑，正屋面阔五开间带两耳房，底层前后设廊，前廊做工精美，双步梁上设花篮斗承轩梁，雀替镂空雕刻花鸟，并镶嵌蓝玻璃珠。前檐柱用牛腿插拱承双挑檐檩，牛腿均雕刻精美的戏曲人物和双狮戏球等图案。最为考究的则为正屋后面的风火墙，为观音兜式，由青砖立砌而成，两侧做有两方壁柱。檐口为砖叠涩线脚，两层间设砖腰线，细部灰塑卷草、寿字图案。二层开有两窗，用拱券窗套。两窗中部灰塑"麒麟送子"图案，两壁柱顶端塑"芭蕉"造型。

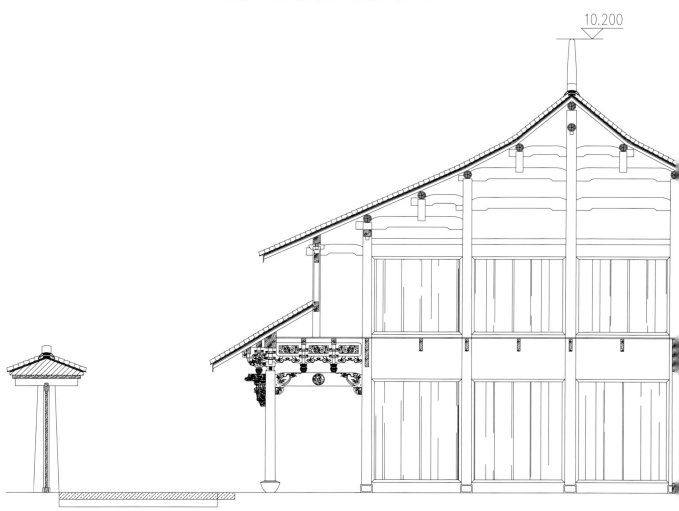

王焕章宅纵剖面图

风火墙

灰 塑

灰塑"麒麟送子"

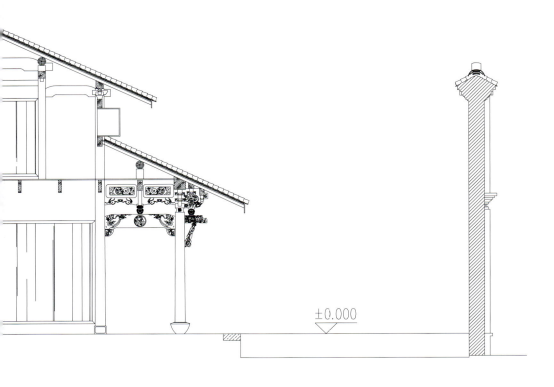

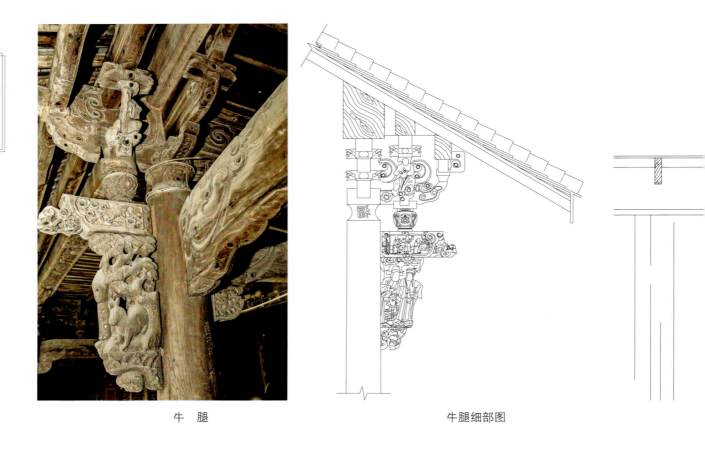

牛　腿　　　　　　　　　　　　　　　牛腿细部图

斗　拱

斗拱细部图

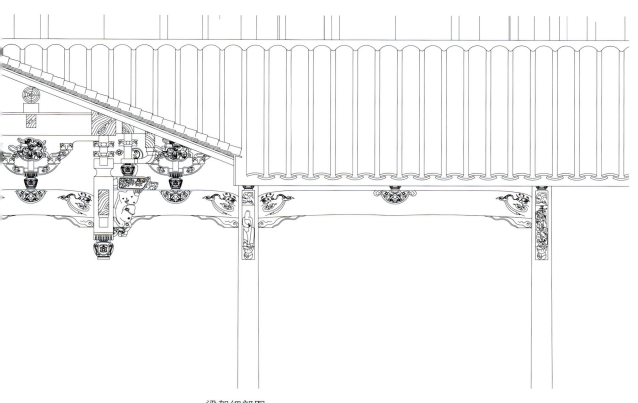

梁架细部图

月　梁

悬　柱

东北侧券拱门

　　王焕章宅雕刻众多且精湛，制作考究，为文成县中西合璧建筑的典型代表之最。
2012年12月，王焕章宅被列入文成县第五批县级文物保护点。

全 景

新屋林宅

新屋林宅位于文成县百丈漈镇石庄村上石庄自然村新屋，建筑坐东北朝西南，建于清光绪年间（1875—1908），由两门台、正屋和西北侧厢房组成为四合院式二层木构建筑。外门台设于正屋西北侧围墙外，单间，设拱券门，由规整花岗岩砌筑。内门台则置于正屋明间对面，单间，硬山顶，铺小青瓦，花岗岩石砌筑，中置木门，两边连接高约3.7米的围墙。天井水泥浇筑，中间甬道条形花岗岩石铺设通正屋。正屋二层，悬山式，面阔九开间，明间为敞厅，三合土地面，前设通廊，圆柱下置圆鼓形柱础、檐檩、门窗、月梁等雕饰众多。西北侧厢房三间，台基花岗岩压边。

悬　柱

梁　架

斗　拱

月　梁

　　整座建筑规模宏大，房屋宽敞，环境舒适。虽年代不久远，但做工讲究，雕刻精细。
2012年12月，新屋林宅被列入文成县第五批县级文物保护点。

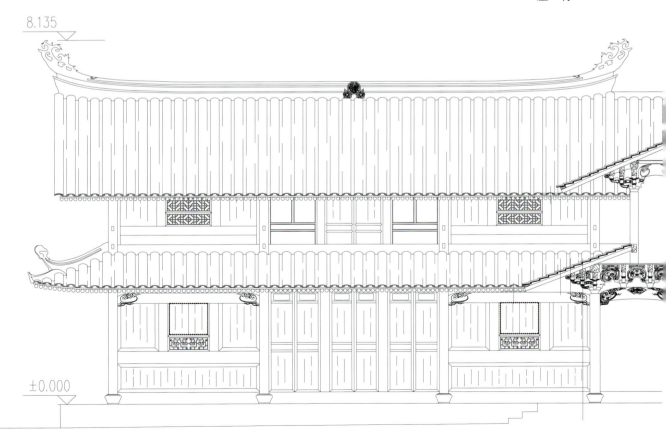

叶继普宅

叶继普宅位于文成县平和乡东方村方坑自然村新楼，建于清晚期，坐西朝东，由正屋、厢房、围墙组成，为三合院式建筑。正屋建于规整块石垒砌的台基上，三合土地面，明间前设二级青石质垂带踏步。正屋、厢房前台基和天井全用规整的块石铺面。正屋面阔七开间，七柱十一檩，中柱分心前后带双步梁带前后双步梁再带后单步廊。底层、二层均设通廊，做有平板吊顶。明间穿斗式梁架上贴有"科甲蝉联"字样，童柱上浮雕花草云纹。左右厢房各三开间，二层前廊原置有美人靠。屋面为悬山顶，铺阴阳合瓦，中设腰檐，檐口置封口木。

屋脊

8.135

±0.000

全　景

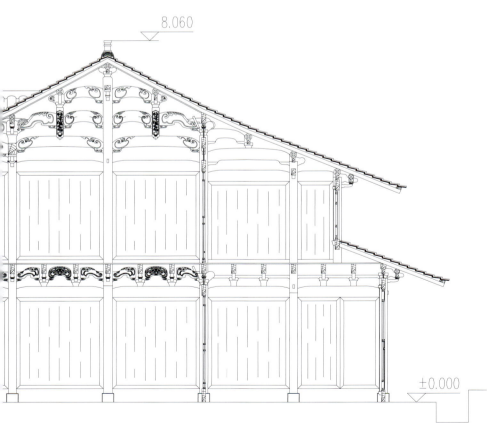

叶继普宅厢房玄面/正屋剖面图

斗　拱

梁　枋

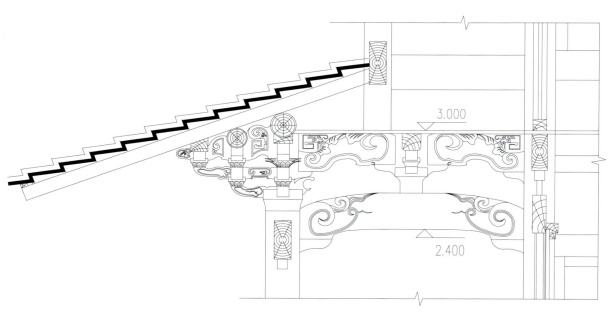

叶继普宅前廊檐柱详图

　　该民居布局完整，用材考究，牛腿、斗拱、月梁、替木、门窗等雕刻精美图案，工艺精湛。2012年12月，叶继普宅被列入文成县第五批县级文物保护点。

庙宇

多少期盼，多少叩拜，如随手一炷青烟，泉泉而上，消散在瓦楞屋檐之间。

或许世间的一切都只是暂驻，让这充满祷愿的地方存久一些，恒定一些吧！

文成县现存完整的庙宇有八十余处，历经沧桑，几多修缮，它们依旧坚实地伫立着。

头门/门厅

刘基庙

刘基庙位于文成县南田镇九都村南阳自然村华盖山东南麓，敕建于明代天顺三年（1459），坐北朝南，共四进，由照壁、牌坊、头门、仪门、厢房、正厅及追远祠组成，合院式木构建筑，庙的四周为块石砌筑的围墙。

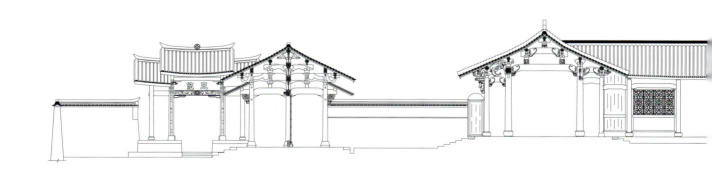

庙南面为照壁，与庙头门遥相对应，照壁前设旗杆石四对。庙头门外东西两侧为"帝师""王佐"两座木构牌坊，结构造型一致。头门系三山式悬山顶木构建筑。面宽三间，进深二间，明间前置二级台阶。入头门，是面阔11.7米、进深6.7米的内庭院，庭院两边为块石驳砌的长方形水池。穿过水池，即至仪门。仪门为三山式悬山顶，九开间外加两廊的木构建筑。东、西厢房结构相同，面宽五间，明间梁架为抬梁式，每缝四柱。两厢房之间为天井，由仪门至天井，设二级踏步天井中为通道，长方形条石直铺压沿，通道两旁用不规整块石铺地。正厅系全庙主体建筑，重檐歇山顶，梁架结构为穿斗式，气度恢宏雄伟。厅高10.4米，面阔七开间带两边廊，明、次间梁架结构颇具地方特色，重檐造，下层梁架砌上露明造，上施望板。沿正厅东西廊间外侧拾级而上便是追远祠，该祠添建于民国十六年（1927），供奉刘基上七世祖，故名追远祠，系三间悬山顶木构建筑。

石　箱

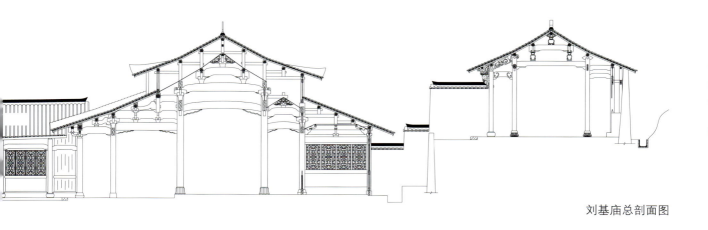

刘基庙总剖面图

全　景

正厅内部

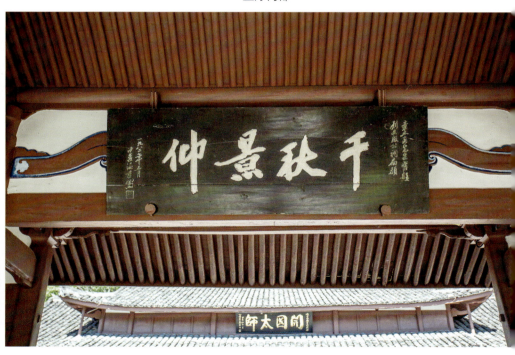

千秋景仰

上款：章太炎先生旧题，刘文成公祠扁（匾）额。

下款：一九八二年五月，沙孟海重写。

时势造英雄，帷幄奇谋，功冠有明一代；庙堂馨俎豆，粉榆故里，群瞻遗像千秋。

（蔡元培题）

出处进退与任圣冥符，运会启风云，旷代勋华民族史；事业文章有姚江继武，梓桑崇俎豆，千秋祠宇栝苍山。

（林森题）

正屋及厢房一角

仪 门

"帝师""王佐"牌坊

　　刘基庙在建筑设计和营造上集明清建筑技术、艺术之大成，牌坊为宋式"断砌造"，设计独特，布局十分严谨，有明确的轴线，规模轩敞，制度宏深，构筑粗放，气势恢宏庄重，且保存完好，是温州地区现在为数不多的明代木构建筑，具有很高的历史艺术价值，且庙内珍藏众多具有较高历史艺术价值的明清碑刻、楹联、匾额等文物，为国内历史名人纪念建筑中所罕见。

　　2001年6月，刘基庙被列入第五批全国重点文物保护单位。

方坑太阴宫

　　方坑太阴宫位于文成县平和乡东方村方坑自然村，始建于明隆庆年间（1567—1572），后毁于洪灾，清康熙三十六年（1697）、咸丰六年（1856）重建，后又历经多次维修，总占地面积超过1180平方米。太阴宫为前殿、厢房、天井和正殿组成合院式建筑，整体坐北朝南。前殿面阔五开间，明间、次间进深五柱十檩，梢间进深四柱七檩。前殿通长带前廊，双落翼屋面且梢间屋面屋脊前出。屋面为双落翼屋面，梢间屋面屋脊与明、次间第二排前金柱平齐。圆椽冷铺小青瓦屋面，屋脊中间灰塑有戏曲人物，两端灰塑鱼龙造型。东西厢房面阔三开间，进深两柱五檩。西厢房后部与后建附属房相连。正殿面阔五开间，进深五柱八檩，双落翼屋面。天井以花岗岩块石铺地，通过五级台阶可上至正殿，台阶下三级为花岗岩条石铺就，上两级为块石砌成。

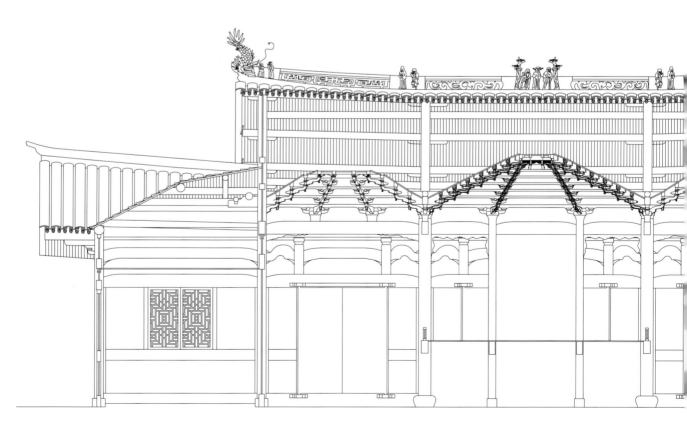

方坑太阴宫前殿剖面图

正　殿

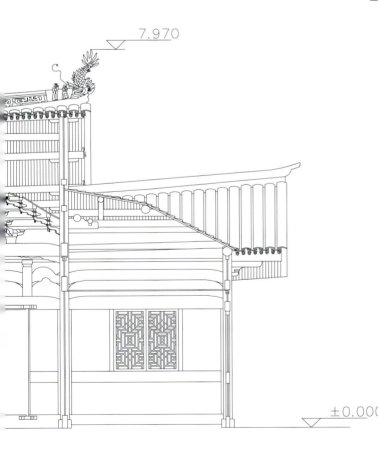

7.970

±0.000

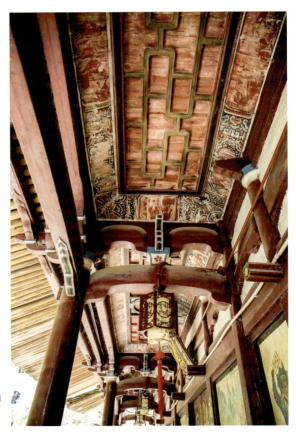

通　廊

戏台顶部藻

屋脊吻兽

屋　面

戏台垂莲柱

前殿次间顶部藻井

该建筑结构工整，选料优质，工艺精湛，有很高的艺术和观赏价值。

2017年1月，方坑太阴宫被列入浙江省第七批省级文物保护单位。

降龙庵

降龙庵又名下龙庵，位于文成县南田镇西湖村西垟自然村水垟，始建于明万历年间（1573—1620），现建筑由门台、正殿、厢房和后殿组成合院式。门台位于前庭院的北首，坐南面北，为花岗岩条石砌筑，内侧为半坡木村屋面，硬山顶，铺小青瓦。正殿明间进深七柱十一檩，前设七级踏步，中柱前后双步梁带前后双步梁再带前后单步廊。正殿明、次三间为歇山顶，左右梢间为半坡顶屋面，与南北两廊的后半坡屋面连接，明间藻井及道篷绘有山水与人物故事彩画。南北两厢房原均为一开间平房，为清代光绪年间（1875—1908）建造，后在南厢房东侧添建的一间二层楼房。降龙庵内目前仍保留有清乾隆二十五年（1760）的"参龙古刹"和大清光绪三年（1877）"慈云法西"两块牌匾。降龙庵后殿位于正殿后侧的山坪上，庭院北侧围墙内有一条用花岗岩块石砌筑的路步道，可拾级而上，直至后殿。

全 景

门　台

正殿明间挂"参龙古刹"匾额

1987年12月，降龙庵被列入文成县第三批县级文物保护单位。

明星寺

明星寺位于文成县二源镇谈阳村后山。清道光二十四年（1844）始建，民国十七年（1928）重建，坐东朝西，由门台、门屋、白衣丞相殿、大雄宝殿及两厢组成，为合院式砖木结构建筑。1966年遭受严重破坏，仅存民国廿一年（1932）的古铜钟一口，匾额一块，1988年由当地群众集资重修。台门面阔三开间，抬梁穿斗式结构，重檐歇山顶，顶铺小青瓦。门屋为1990年修建，面阔三开间带左右耳房，抬梁穿斗式结构，进深三柱七檩。白衣丞相护法神殿面阔五开间带左右耳房，明间进深五柱十檩，抬梁穿斗式结构，明间、次间、稍间顶部均施方形藻井，后置神龛。大雄宝殿明间进深四柱，抬梁穿斗式，五架梁带前后双步梁，后置神龛，供奉如来佛和十八罗汉。

古　井

门　台

正　厅

1992年11月，明星寺被列入文成县第四批县级文物保护单位。

明星寺屋顶

观音阁

观音阁位于文成县大峃镇龙溪村后宅自然村。该建筑由头门（天王庙）、仪门、厢房、观音阁组成，为合院式砖木结构建筑，头门对面建有伙房。主体建筑观音阁建于清道光二十二年（1842），坐北朝南，楼阁式，歇山顶，面阔三开间，一层明间进深四柱九檩，五架梁带前后双步梁，平面呈正方形。二楼明间供奉观音菩萨站姿塑像，次间置座椅栏杆。梁枋、藻井彩绘有花鸟、山水、戏曲人物等图案。屋顶挑戗翘角，脊饰为吻兽。

屋角脊

彩　绘

观音阁格局规整，保存较好。

1997年9月，观音阁被列入文成县第五批县级文物保护单位。

圣泉洞

圣泉洞位于文成县大峃镇龙溪村樟山自然村狮子山东。始建于元至正壬午年（1342），现存建筑由门台、汤仙亭、圣泉门、三宝殿、积善亭、汤娘娘殿、陈十四娘娘殿、圣泉洞、观音洞、附加房等组成。主体建筑圣泉洞坐落在狮首形的摩崖上，洞口坐北朝南，属天然奇洞，高3米，面阔10米，进深8米，顶面平整，北壁神座，亦属平整摩崖。东西两角各有清泉常流，故名"圣泉洞"，洞口正上方摩崖上有阴刻篆书体"圣泉洞"三个大字。距圣泉洞右上方160步另有一洞，洞宽3.3米，洞口宽3米，高约5米，深3.5米，为观音洞，内有青石雕刻神龛，供奉观音塑像。

全　景

圣泉洞内部

圣泉洞

观音洞

1997年9月，圣泉洞被列入文成县第五批县级文物保护单位。

文成文物

不可移动文物卷

祠堂

祠堂，是宗族社会最重要的公共空间，人们在这里寻找依归，怀念亲人，送出祝福。

时移世易，或许它终将走向清冷孤寂！

文成现存祠堂有一百二十余处。

富相国祠

富相国祠位于文成县西坑镇梧溪村梧溪桥边，坐西朝东，始建于清乾隆十九年（1754），道光二十二年（1842）重建，咸丰六年（1856）重修，由前厅、戏台、厢房、正厅组成，为两进合院式木构建筑。前厅与正厅均七开间，前院坦立清晚期贡生旗杆夹六座。前厅明间后为戏台，立四柱，设八角出拱小斗，分层穹顶似覆盘状藻井，戏台正面略挑戗翘角，歇山顶，铺小青瓦。厢廊左右各四开间，抬梁式结构，悬山顶，铺小青瓦。天井为不规则鹅卵石铺面。正厅单檐歇山顶，明间进深五柱十檩，五架梁带前后双步梁，后壁塑宋朝宰相富弼坐像与其两侍从塑像，歇山顶，铺小青瓦。

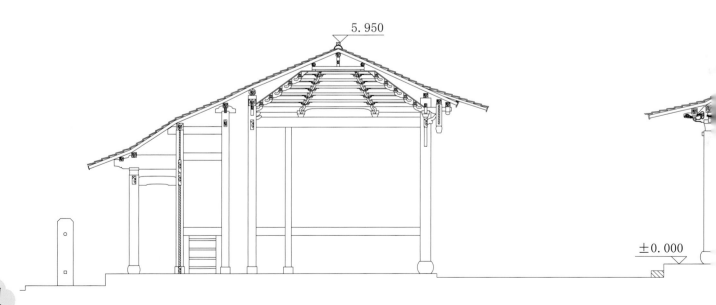

富相国祠纵剖面图

全 景

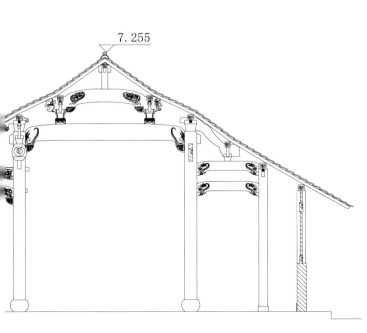

7.255

垂莲柱

正厅

藻井

戏台挂落、牛腿

月　梁

童　柱

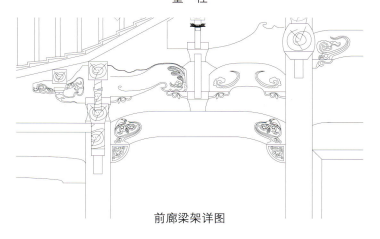

前廊梁架详图

　　富弼（1004—1083），字彦国，北宋仁宗、英宗、神宗时期宰相，与当时大臣范仲淹、司马光、苏东坡、王安石等齐名，勋业卓著，封韩国公。该宗祠为富弼纪念祠，具有一定的历史价值。

　　1997年9月，富相国祠被列入文成县第五批县级文物保护单位。

刘琏祠

　　刘琏祠又名参政公祠，位于文成县南田镇九都村旧宅底自然村。始建于明嘉靖四年（1525），原址在三滩，民国元年（1912）被毁，重建于民国三十五年（1946）。建筑坐东北朝西南，由门台、仪门、南北厢廊、正厅组成，为合院式砖木结构。门台砖砌筑，双落翼式硬山顶，青石门框，门上方嵌有"参政公祠"石匾。仪门面阔五开间，双落翼悬山顶，明间进深四柱七檩，五架梁带前后单步梁。南北厢廊均三开间，抬梁式梁架。正厅为重檐歇山顶木构建筑，面阔五开间。明间进深五柱十二檩，为抬梁式梁架，腰檐向内有草架吊顶。次间为抬梁穿斗混合式。正厅正面开敞，设前廊，草架吊顶。正厅后金柱与后檐柱间为神像位置，明间为刘琏塑像，次间为其长子士瑞和次子叔祁塑像。

正　厅

门　台

内　景

　　刘琏（1348—1379），字孟藻，浙江青田（今属文成）人，刘基长子。洪武十年（1377）为考功监丞，兼试监察御史。该祠堂整体保存较好。

　　1997年9月，刘琏祠被列入文成县第五批县级文物保护单位。

刘璟祠

刘璟祠位于文成县南田镇九都村谢塘岸自然村。始建于明嘉靖四年（1525），清乾隆四十一年（1776）重建，民国三十二年（1943）再建。现建筑坐北朝南偏东，由正厅、仪门、门台组成，合院式砖木结构。门台为双落翼式硬山顶，青石门框，门上方有"忠节公祠"匾。仪门面阔五开间，双落翼式悬山顶，明间进深四柱七檩。正厅为重檐歇山顶木构建筑，民国时期建造，面阔五开间，明间进深六柱十四檩，五架梁带前三步梁后双步梁再带后双步梁再带后双步梁，为抬梁式梁架，腰檐向内做有草架吊顶。次间为抬梁穿斗混合式。正厅正面开敞，设前廊。正厅明间为刘璟塑像，次间为其长子士行和次子士捷塑像。

全　景

门　台

牛　腿

单步梁

正厅明间

该祠堂整体保存较好，1944年，浙江省高等法院曾因抗战迁于此。

1997年9月，刘璟祠被列入文成县第五批县级文物保护单位。

徐伯龙祠

徐伯龙祠位于文成县南田镇新南村张坳自然村。始建于元代，重建于清乾隆四十五年（1780），民国初易址重修。该建筑坐西朝东，由门台、门厅、戏台、正厅、厢房组成，合院式木构。门厅七开间，歇山顶，明间进深四柱九檩，明间建四柱戏台，施藻井。外院立三座旗杆夹。正厅七开间，歇山顶，明间进深四柱九檩。南厢房、北厢房两层各两开间。

正　厅

牛　腿

天　井

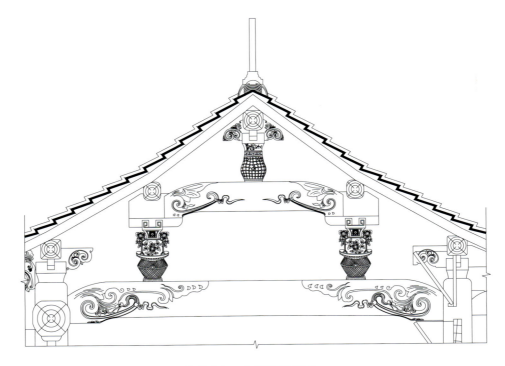

徐伯龙祠五架梁梁架详图

五架梁

　　徐伯龙（1334—1355），当地富豪。元至正十四年（1354），黄坦吴成七军进击青田县城，江浙行省震恐。"总管官王某将兵抵南田，怯不敢进"，伯龙"诣军门请以身先"，授以松阳县尉，率义勇与吴军大战于张坳，兵败被杀。

　　1997年9月，徐伯龙祠被列入文成县第五批县级文物保护单位。

庙后林氏宗祠

　　庙后林氏宗祠位于百丈漈镇上石庄村上石庄自然村庙后。民国二十年（1931）建造，坐东北朝西南，由门厅、厢房、正厅组成合院式木构建筑。门厅面阔三开间，悬山顶，小青瓦屋面，明间进深四柱九檩，五架梁上立短柱承托檩条，带前后双步廊，门厅前后各用双条檐檩，明间设棋盘式大门，前廊用木板壁隔断，前檐圆柱下设扁鼓形青石础，三合土地面。两侧厢房均面阔九开间，五檩二柱抬梁结构。天井由花岗岩条石铺设，四周台基及中间甬道均为条形花岗岩石压边铺设。正厅面阔三开间，明间为十檩五柱抬梁穿斗混合式结构，东、西两次间为十檩六柱抬梁穿斗混合式结构，悬山顶，小青瓦屋面，三合土地面。

全　景

内　景

檐　檩

柱　头

牛　腿

正厅梁架

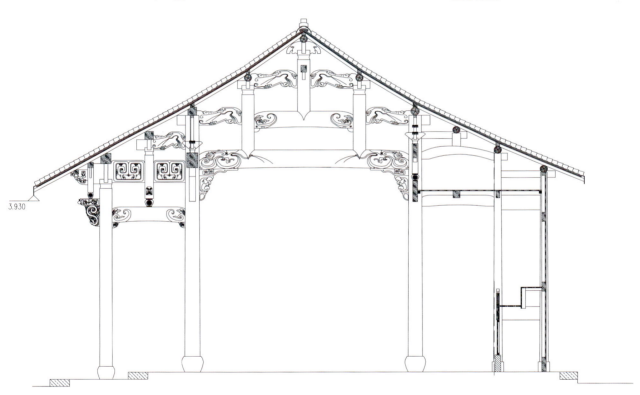

庙后林氏宗祠正厅纵剖面图

2012年12月，庙后林氏宗祠被列入文成县第七批县级文物保护单位。

赵氏宗祠

赵氏宗祠位于文成县百丈漈镇石庄村下石庄自然村大塘后。该祠始建于清嘉庆十一年（1806），民国三十一年（1942）重建，坐东北朝西南，由门厅、戏台、正厅及两厢房组成为四合院式建筑。门厅面阔三开间，明间进深四柱九檩，抬梁穿斗混合式结构，影壁后设方形戏台一座，制作简易，雕饰从简。门厅前院坦立清贡生旗杆夹两座。两侧厢房对称二层各三开间，连接正厅与门厅，中为块石铺设的天井，四周铺设阶沿石。正厅建于陡板石砌筑的台基上，上压花岗岩质阶条石，面阔三开间带两披，悬山式屋面，平脊叠瓦，明间进深五柱十檩，五架抬梁带前后双步梁再带后单廊，立圆柱，下设圆鼓形刻卷云纹饰青石础及古镜式柱顶石，明间建筑用材粗大。明间前檐浮雕狮子戏球、凤凰图案，内额枋浮雕草龙图案，下用替木承托，替木雕刻花卉图案。明、次间后设神龛，供奉林氏牌位数十个。

悬　鱼

旗杆石

梁　架

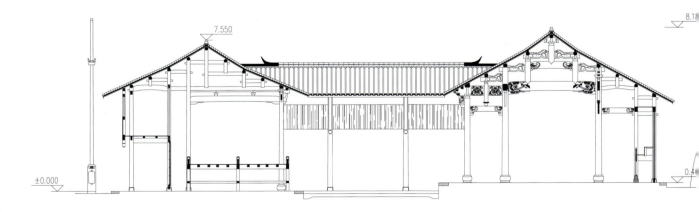

赵氏宗祠纵剖面图

全　景

正　厅

该建筑高大宽敞，周边毛竹、楹树众多，选址优越。

2012年12月，赵氏宗祠被列入文成县第七批县级文物保护单位。

王氏宗祠

王氏宗祠位于文成县大峃镇花横村黄凤垟自然村，始建于明建文三年（1401），清乾隆年间（1736—1795）重修，坐北朝南，由门厅、戏台、厢房、正厅组成，为合院式砖木结构。门厅、正厅均三开间，东、西各两间耳房，悬山顶。门厅明间后设戏台，戏台曾于清嘉庆十八年（1813）重修，上设七环八角出拱小斗、分层穹顶覆盆状藻井，井枋、枋板彩绘戏曲人物、双龙戏珠图案，戏台正面略挑戗翘角。正厅抬梁式梁架结构，明间进深七柱十三檁，抹角方柱下置木质方础和虎爪形柱础承托，屋面铺小青瓦，檐口置勾头滴水。

正　厅

斗　拱

戏台挂落及垂莲柱

牛　腿

柱　础

戏台斗拱

该祠布局完整、保存较好，具明清建筑特色。

2012年12月，王氏宗祠被列入文成县第七批县级文物保护单位。

斗　拱

牛　腿

叶氏大宗祠

　　叶氏大宗祠位于文成县西坑畲族镇让川村村尾。建于清乾隆戊申年（1788），坐西北朝东南，由门厅、戏台、正厅、两侧厢房组成，为合院式结构。门厅面阔三开间，左右两侧连接厢房，两边与块石垒筑的围墙衔接。戏台立平面四柱，顶施方形平面藻井，牛腿、雀替浮雕图案，檐口置封口木，屋面歇山顶，飞檐翘角，盖阴阳合瓦。两侧厢房均五开间，梁架为五檩二柱穿斗式结构。正厅面阔五开间，明间进深五柱十檩，五架梁带前后双步梁带前后单步廊，抬梁穿斗混合式结构。正厅明间金柱粗壮，后部置神龛，供奉叶氏祖先南楚郡叶俭塑像。屋面为悬山顶，平脊叠瓦，檐口设勾头、滴水。

正　厅

屋　面

牛　腿

厢房一角

2012年12月，叶氏大宗祠被列入文成县第七批县级文物保护单位。

叶氏小宗祠

叶氏小宗祠位于文成县西坑畲族镇让川村村尾。该宗祠建于清道光年间（1821—1850），坐东北朝西南，由门台、门厅、戏台、正厅、两侧厢房组成，为合院式结构。门台单间仿木构，花岗岩石垒筑，双落翼式硬山顶屋面。两端塑卷草状脊头，位于门厅左侧，门台一端与门厅前的围墙相连，另一端与门厅外墙相接。门厅三开间带两披，明间进深三柱五檩。明次间檐下设廊，牛腿雕刻精美，阑额浮雕花纹图案。门厅前立有清光绪元年（1875）旗杆夹两座。门厅明间后搭建戏台，歇山顶，平脊叠瓦，檐口施勾头滴水。正厅五开间，明间进深五柱十一檩。厢房对称五开间。

牛　腿

正　厅

门　台

挑檐檩

全　景

2012年12月，叶氏小宗祠被列入文成县第七批县级文物保护单位。

郑氏小宗祠

　　郑氏小宗祠位于文成县黄坦镇莲头村莲头自然村，建于缓坡之上，坐西北朝东南，由门台、正厅及两厢楼组成，为晚清合院式建筑。门台单开间，中置木门，两侧连接乱石垒砌的围墙，悬山顶，铺小青瓦，叠瓦脊。天井中间设甬道，由条形花岗岩石铺设。厢楼二层，对称各四间，檐下设通廊。北厢房第二间外侧为清光绪丙子年（1876）郑光俊妻徐氏钦褒节孝竖"节孝"坊，门额上雕刻"节孝"二字。正厅面阔三开间带左右耳房，屋面平脊叠瓦，悬山式，前廊设卷棚，并使用双挑檐檩，檐口置封口木，牛腿浮雕松鼠图案，夯土地面。正厅明间进深五柱十檩，抬梁穿斗式结构，后廊设神龛与牌位，正厅明间前设二级踏步，略宽于甬道。

正　厅

月　梁

正厅前廊

牛　腿

月梁细节

绦环板

藻　井

　　莲头村在陈盘岭对面，中隔富岙溪，村有五丘似莲花开放，又有两座码头形山，故叫"莲头"。该宗祠牛腿、雀替、月梁等部分雕刻精美，且又与"节孝"坊合一。

　　2012年12月，郑氏小宗祠被列入文成县第七批县级文物保护单位。

钟氏宗祠

钟氏宗祠位于文成县黄坦镇培头村，始建于清嘉庆十八年（1813），由门厅、戏台、廊厢、正厅组成，为合院木构式建筑。门厅前院坦宽敞，兼作通村路道，立有旗杆座两副。门厅面阔五开间，明间为抬梁式结构，后侧置戏台。戏台呈方形，柱头牛腿粗雕倒兽，台额花板三跳镂雕，单檐平脊，木构架与门厅连成一体。正厅面阔五开间，单檐歇山顶，明间立柱粗壮，进深五柱九檩，五架梁带前双步梁后单步梁再带后单步廊，木构件雕饰简易古朴，柱础有大、小圆形鼓腹二式，单檐歇山顶，脊首以重瓦挑尖代吻。左右两厢房对称各五开间，内天井小石头墁地。

月 梁

正厅明间

门 厅

旗杆石

戏　台

戏台挂落及垂莲柱　　　　　　　　戏台牛腿

钟氏宗祠保持清中期建筑风格，规模宏敞，古朴大方，为县境钟姓唯一宗祠，且处畲民聚居培头山村，保留民族传统祭祀习俗。

2012年12月，钟氏宗祠被列入文成县第七批县级文物保护单位。

林氏宗祠

林氏宗祠位于文成县百丈漈镇石庄村上石庄自然村，坐北朝南，建于清道光七年（1827），经民国时和近年数次维修，由头厅、戏台、厢房、正厅组成。门厅通面阔五开间，门厅前院坦立清咸丰己未年（1859）贡生林桂芬旗杆夹四座，明间影壁后为方形勾栏式戏台，戏台飞檐翘角，台额花板镂雕，天棚板平面框格式。两侧厢房，各面阔五间，脊端串接门厅与正厅。中有天井，以二踏跺入正厅。正厅单檐悬山顶，明间抬梁穿斗混合式结构，进深五柱十檩，立柱粗壮，柱础有鼓式青石质，黄石方础用于梢间。正厅脊檩正中段浮雕双狮戏球，两端雕刻飞凤对视，雀替和挑檐桁具饰雕缠枝花草。

戏台梁架

月　梁

正　厅

牛　腿

雀　替

正厅明间梁架

全祠雕饰工艺精湛，布局合理，建筑结构严谨，为浙南清代中后期祠宇木构建筑之典型。2003年11月，林氏宗祠被列入文成县第三批县级文物保护点。

古村落

我昔住在南山头，连山下带清溪幽。山巅出泉宜种稻，绕屋尽是良田畴。

这是刘伯温生活过的村子，山居的士大夫们，在山里隐居、耕作、读书，追寻生存的意义和生活的美学，孜孜不倦，深积泽远。

如今，人们关于古村飞红点翠，小桥流水，牧笛悠扬，书声琅琅的写意想象，依然与古人天人合一的生活审美一脉相承……

文成县现有古村落中，其中保存完整的有九都、梧溪等处；开发较好的有武阳、下石庄等。

九都村

南田镇九都村为镇政府所在地，辖内人文古迹众多，街巷之间充溢着浓厚的历史气息，诚意伯府即在此地。另有参政公祠（刘琏祠）、忠节公祠（刘璟祠）、浙江省图书馆临时旧址、辞岭亭、刘兆祥故居、刘璟故居、刘圣诗祠、省干部训练团旧址、明代水渠、伯温水井等，其中刘基庙景区是刘伯温故里AAAAA级景区两大核心景区之一。

景区核心刘基庙为全国重点文物保护单位，位于文成县南田镇九都村华盖山南麓，内有刘基文化广场、太公祭展示馆、文化公园、翊运牌坊、铭廉壁摹崖石刻等人文景观。

华盖山坐落在兀五峰下，东临天耳山，西界钟山。早晨云雾缭绕，夕间彩霞照拂。上有古木拥秀，奇崖怪石接踵，因形似御用华盖，故名。刘基庙后有三横山，平行延伸约二里，状似"主"字形。

刘璟故居

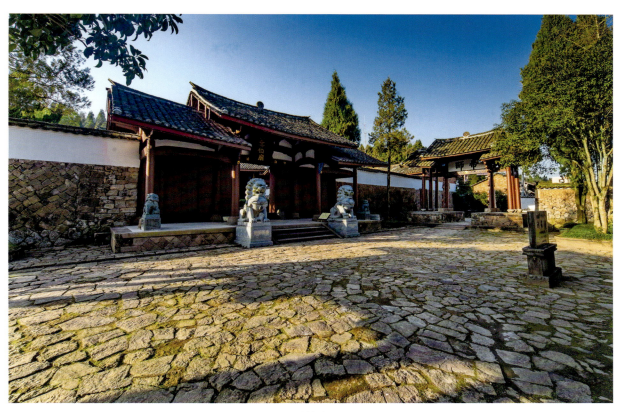

刘基庙

刘琔祠

从左至右：刘耀东故居　刘璟祠　刘延梁民居

太公祭

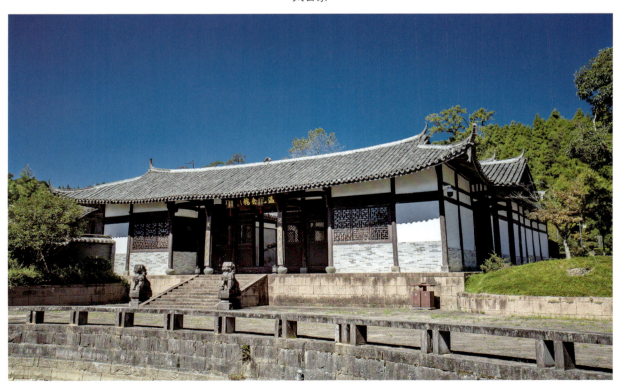

刘伯温纪念馆（九都省联合高中旧校址）

联簪坊，原为明英宗正统四年（1439）十月，处州知府郭阴、武金，同知曹绖，通判黄聪，青田县知县林川、张乐等为开国太师刘基、谷王府左长史刘璟、行在刑部照磨刘貊立，坊木质制，原有八柱，三十六斗，七十二星，造型宏伟。坊的东向正书"联簪"两字，西向篆书"联簪"两字，"文革"期间被毁。1990年，刘氏宗亲筹资重造联簪坊，坊全由花岗石砌成，高7.1米，宽9.3米，上有对联，联字金黄色。

这里是刘伯温传说的发源地。卜居武阳、千读百温、书凑礼、携土还乡等刘伯温的逸事传说在当地百姓间口耳相传、世代相承。2008年6月，刘伯温传说列入第二批国家级非物质文化遗产名录。

这里还是太公祭的举办地，每年除夕前一日至正月初一及农历六月十五，太公祭都会如期举行。祭太公，巡游，品伯温家宴，赏舞龙、舞渔灯表演，人们日复一日、年复一年地保持着对先贤的尊崇。2011年5月，祭祖习俗（太公祭）列入第三批国家级非物质文化遗产名录。

国师渠

刘圣诗祠门台

刘圣诗祠内部梁架

刘兆祥旧居

刘南耕祠

舞龙灯

梧溪村

梧溪村为西坑镇下辖行政村，梧溪穿村而过，是以得名。自宋代进士富应高于元至元三十一年（1294），从南田泉谷迁居梧溪而开基，至今已逾700年。

梧溪原名语溪，据旧谱记载，有泉汇为溪，水声涓涓沥沥如人相语，故名"语溪"。又因"语"字行书于"浯"字形近，后遂名"浯溪"。1939年，青田县在村里设邮柜，邮戳误铭"梧溪"，故"梧溪"沿用至今。

梧溪村历史文化底蕴深厚，村内保留着富相国祠、文昌阁、金星岗民居等传统古建筑。

富相国祠，始建于清乾隆二十九年（1764），现存建筑完整，是由头

村　貌

富相国祠

门、戏台、厢房、正厅组成的合院式建筑。头门外置有清代旗杆石三对。祠前左侧有古樟一株，今仍生机盎然。建筑式样庄严轩敞，艺术特色鲜明，1997年被列为文成县县级文物保护单位。

文昌阁，始建于清嘉庆二十一年（1816），木构歇山顶式建筑，内供奉关帝、魁星等。《富氏宗谱》记载："余辈于嘉庆戊辰（1808）冬吉日，鸠工庀材，营造高阁于斯，崇祀文武二帝，所以培文风也。"主体建筑高三层，第一层塑关羽，旁坐周仓、关平二将；第二

梧溪文昌阁

吊九楼

层塑梓潼帝（文昌帝），左侍朱衣公，右侍金甲神及天地和诸从祀；第三层塑魁星（文曲星）。是处古樟绿荫，幽雅静谧，为梧溪村标志性建筑，1977年被列为文成县县级文物保护单位。

金星岗富宅，清代古建筑，门楣上有"金星启瑞"四字。该建筑由门台、正屋、厢房组成，为合院式建筑，是梧溪村现存最完整的古民居。2012年被列为文成县县级文物保护单位。

南阳旧家（赵超构故居）

金星岗富宅

塘丘富郭敬祠

捣饭糍

对　歌

竹竿舞

　　此外还有始建于清中期的南阳旧家（赵超构的出生地）、富氏小宗祠等古建筑。

　　梧溪村民俗风情同样浓郁，每逢节庆，梧溪村不仅有好戏连台，还有村民自酿的红曲酒，自制的年糕、九成糕、饭糍，香飘百里。

亭阁

亭台楼阁，芳草茵茵。

漫步在亭台楼阁间，种一份清

浅，让时光静谧，且待流年。

文成现存的亭台楼阁二十五处，

端庄素雅，古色古香。

佑善亭

佑善亭现位于文成县玉壶镇底村店楼墩,原名"七五相公殿",建在店楼墩的小山上。现亭址是上林公路必经之道,为保留历史风貌,将佑善亭架空通车。佑善亭为清代建筑,系重檐单层歇山顶、平面呈正方形、阔深均为5.5米的四柱抬梁式木构建筑。柱头科施三踩斗拱,以承仔角梁和老角梁。藻井五环八角,阑额、雀替等浮雕精致,彩绘考究。后照壁绘戏文彩画,并设神龛供奉七五相公。亭内保留清同治戊辰年(1868)兴建款识的"威灵显赫"匾额。两廊设座椅。

全景

雀替　　　　　　　　　　　　斗　拱

顶部彩绘

该亭建筑风格独特，保存完整。

1984年4月，佑善亭被列入文成县第二批县级文物保护单位。

天水桥

施茶亭

施茶亭位于文成县南田镇武阳村金龟山山麓，在上通瓯括下达瑞平的古道上，坐北朝南，由刘基第六世孙刘启节始建于明嘉靖四年（1525）。亭建成后，刘启节又购置亭田，田租收入专门雇人为过路客人施茶。民国二十八年（1939）至三十一年（1942）冬重建，由正屋、厢房、天水桥、过廊组成，为合院式木构建筑。正屋建于块石垒砌的台基上，高于过廊1.8米，面阔三开间，带左右耳房，进深五柱七檩，悬山顶，明间前设单孔石质天水桥，桥面十四级踏跺作为甬道连接过廊。东侧梢间设有神龛，西侧次间设厨房、小戏台，集市时有木偶戏在此演出。左右厢房均为两间，四面坡，厢房下设马厩，可供过往行人投宿。古道从过廊内经过，出入口为石拱门，一侧廊有靠背式座位，供行人休憩。

屋　面

武阳村施茶亭整体保存较好，结构完整，为南田刘基故里一部分。现马厩旁立有清同治十三年（1874）的紫花岗岩质石碑和民国三十六年（1947）立的青石质碑各一块。

1987年12月，施茶亭被列入文成县第三批县级文物保护单位。

梧溪文昌阁

　　梧溪文昌阁位于文成县西坑畲族镇梧溪村，坐南朝北，清嘉庆戊辰年（1808）建，三檐歇山式木构古建筑。平面为方形，面阔三开间，通面阔为7.65米。进深三间，通进深为8.02米，建筑面阔与进深逐层收分。底层高3.71米，中央用四根金柱，外侧再用四根直通二层的老檐柱，东、西、南三面为木板壁，板壁朝室内的一面原有彩画戏曲故事，现保存两幅。北面明间开敞，后部两金柱间设有木隔断，隔断后为贯通三层的木楼梯。二层高2.66米，南面为木板壁不开窗，东、西、北三面均于中央腰枋上设两扇格扇窗。后部金柱间为木板壁，板壁前原有神龛，隔断后为木楼梯。三层高2.33米，平面为四柱，后部两柱间为木板壁，板壁前设有神龛，内奉文昌帝君，即文曲星。文昌阁屋面为歇山顶，铺小青瓦，檐口用封檐板和连檐木，并做有滴水。台基高于阁外地面，为溪石垒砌，台基地坪三合土。

牛　腿

底层明间

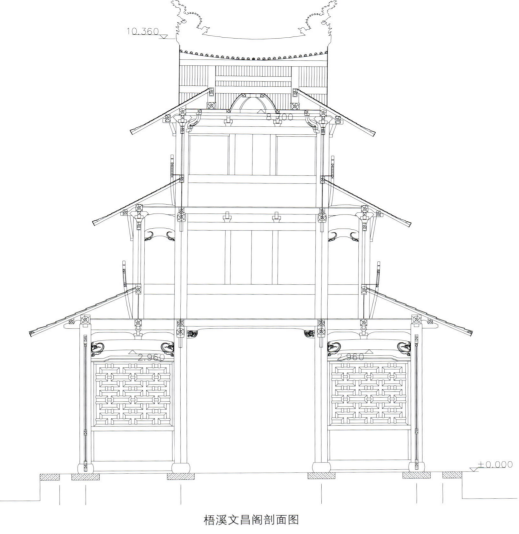

梧溪文昌阁剖面图

彩 绘

建筑结构严谨，用材讲究，气势较为壮观。

1997年9月，梧溪文昌阁被列入文成县第五批县级文物保护单位。

正立面

辞岭亭

辞岭亭位于文成县南田镇南田村伯温公园天耳山，坐北朝南，明崇祯元年（1628）始建，民国十一年（1922）族人集资重建，砖木结构建筑。亭重檐歇山顶，三开间，明间进深三柱七檩，五架梁带前双步梁，通面阔5.7米，通进深4.5米。背面块石砌墙，开拱券门，高3米，宽2.2米。天耳山山道从亭中穿过。东、西两侧山墙毛石垒砌。

背立面

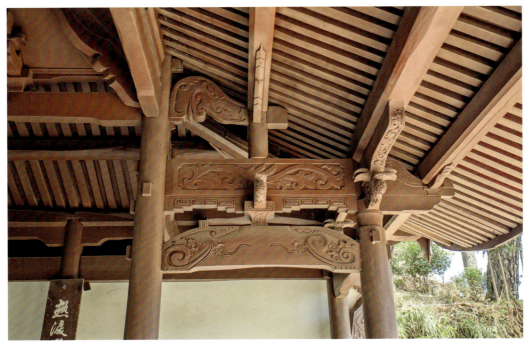

梁　架

　　刘璟，刘基次子，于明建文四年（1402）被篡位的燕王朱棣逮入京（南京），与乡亲辞别于此，至京被害。后人怀念刘璟高风亮节，在当年辞别之处建亭纪念，名"辞岭亭"。

　　辞岭亭整体保存较好，次间柱子间设坐凳，旁植有两棵古楹树。

　　1997年9月，辞岭亭被列入文成县第五批县级文物保护单位。

岙底文昌阁

　　岙底文昌阁，俗称"三港亭"和"龙王宫"，位于文成县周壤镇岙底村，坐北朝南，清同治十年（1871）建造，由门台、正殿、围墙组成，为合院式建筑。门台三开间，用单柱三檩、穿斗式结构，左右次间用木板，两侧设木坐凳，明间开木门一对，木门上部为木棂条，下部封木板。屋面为双落翼式悬山顶，脊首吻兽为龙吻。正殿三开间，共二层，重檐歇山顶。一层面阔三开间，用16柱，柱外周边为檐廊。明间正中置供桌，后设神龛，供奉龙王、土地爷诸神，顶部做四方形栱顶藻井，藻井出三跳，施令栱，前廊用平棋天花。左右次间顶部均为平顶藻井。东次间后侧设置楼梯，两次间外侧檐柱间（前三柱）各设木制靠椅。正殿二层敞开式三开间，明间顶部置五环八角藻井，后置神龛供奉三港大帝。左右两次间外侧用木板隔断，前廊与次间顶部为平顶天花。前廊设美人靠。屋面铺小青瓦，正脊两端为走龙。四周围墙用不规整块石垒砌。

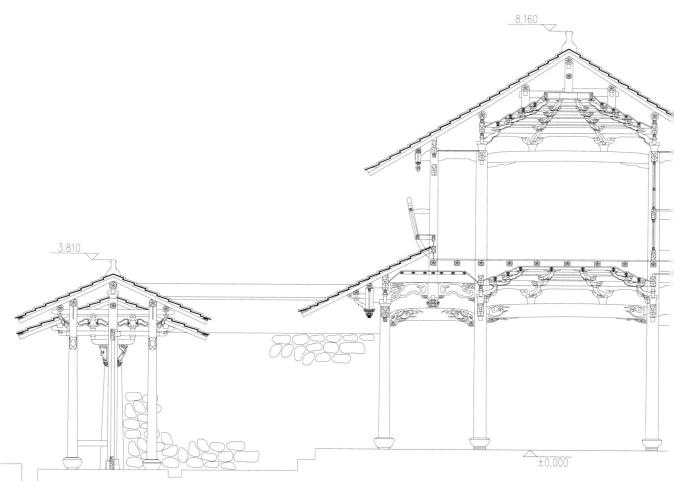

岙底文昌阁纵剖面图

全　景

门　台

峃底文昌阁建筑格局保存较为完整，雕刻工艺考究，彰显文成县浓郁的文昌帝君文化。
2012年12月，峃底文昌阁被列入文成县第七批县级文物保护单位。

三官亭

　　三官亭位于文成县大峃镇龙南村季宅路，民国癸亥年（1921）建，坐南朝北，系三层六角亭阁式木结构建筑。三官亭平面呈正六边形，台基边长5.3米，亭设六檐柱和六金柱，东西两侧檐柱之间用坐凳连接。屋面六坡相交成六条脊，顶部的攒尖处安装葫芦顶。各层柱向外出单跳，置瓜篮垂柱，两侧施花牙子，各层屋檐飞翘，上砌漏空花墙，并灰塑仙人像，脊头呈尖叶状。屋面阴阳合铺小青瓦，檐口施封口木，雀替、牛腿、斗拱等雕刻精美。

全　景

牛　腿

底层月梁

三层梁架

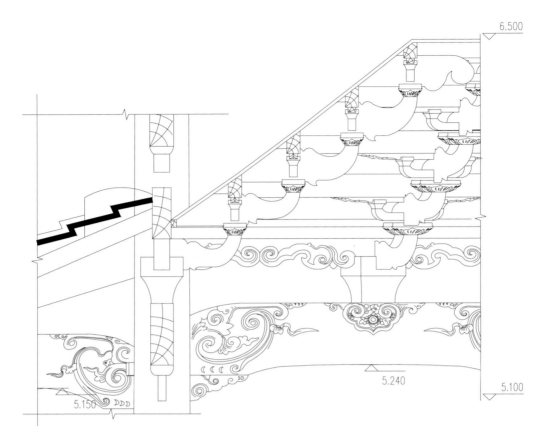

6.500

5.240

5.100

5.150

二层藻井剖面图

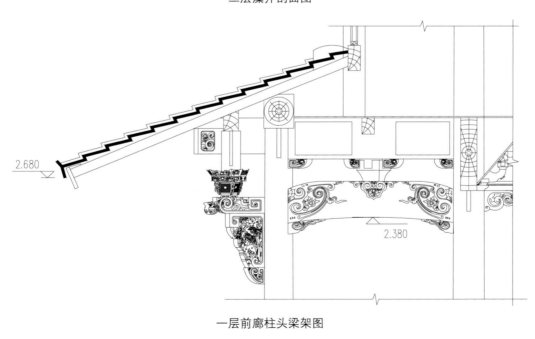

2.680

2.380

一层前廊柱头梁架图

该亭与附近的榕树、桥相映成趣，是该地的村口景观。

2012年12月，三官亭被列入文成县第七批县级文物保护单位。

桥梁

穿过漫长时空幸存的桥，曾抚慰无数人的恐惧和不安，不论人们的步履轻快或沉重，皆将之送至彼岸。

荏苒岁月积在它们身上的不只是时光，还有人们的善。

文成县有古桥八十五座，总量位列全市第三，这与县内山川交错的地形不无关系。

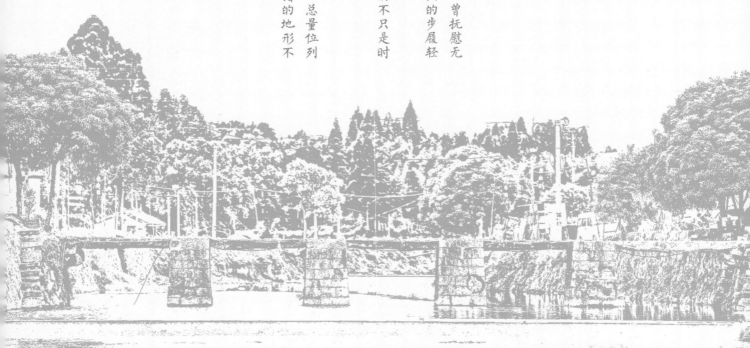

全　景

双龙桥

　　双龙桥位于文成县西坑畲族镇西坑村，早时为木桥楼，始建于清康熙元年（1662），毁于嘉庆年间，嘉庆十八年（1813）改建为双孔石拱桥，又名八字桥、丽泽桥。该桥设计独特，桥身总体呈东西走向，东孔横跨在吴垟溪上，西孔横跨在古洞溪上，桥墩建在两溪交汇处，整体溪流呈"丫"字形。桥全长22米，座宽6米，面宽3.5米，每孔拱跨11.4米，矢高6米，外加两端引桥各5米。拱券由条石横联砌筑，桥面缘置串联精雕石栏杆。桥中间北侧又设有十二级踏步。东、西、北三向可分别通往青田、景宁、云和、瑞安和平阳等地。

拱　券　　　　　　　　　　　　　　　踏　步

踏　步　　　　　　　　　　踏　步　　　　　　　　　　桥　面

　　该桥设计独特、选材讲究，砌筑美观坚固，地理位置重要，为清代浙南石拱桥中所罕见。
2012年12月，双龙桥被列入文成县第七批县级文物保护单位。

平溪燕溪桥

　　平溪燕溪桥位于文成县桂山乡平溪村平溪自然村林山下，为单孔石拱桥，南北走向横跨燕溪，民国十八年（1929）建，桥长23.9米，宽4.5米，净跨11.5米，矢高6.6米，拱券块石纵联砌置法，拱圈顶部正中嵌石，横匾里阳刻楷书体"燕溪桥"三字，拱券上部用规整方形花岗岩质块石，桥墩等其他部位均由不规则块石砌筑。桥上两侧各设六根望柱，柱间用厚大的方形栏板石连接。桥面甬道为花岗岩质条石平铺，两侧用不规则块石铺砌。北端燕溪宫山墙前立有清嘉庆三年（1798）"烟际坑碇步乐助数姓名列"青石碑记一块。

全　景　　　　　　　　　　　　　　　　　望柱、抱鼓石

桥　面

　　该桥是旧时通往泰顺县的必经之路，保存较好。

　　2022年6月，平溪燕溪桥被列入文成县第六批县级文物保护点。

三滩石梁桥群

位于文成县南田镇新南村三滩自然村三滩溪上，分别由上中下三座石梁桥组成。上石梁桥建于民国元年（1912），单跨，桥总长4.1米，桥面宽2米，花岗岩质。西桥墩均横竖立出挑，设八级踏跺，东桥墩设两级踏跺。中石梁桥建于20世纪60年代，全长20米，为四墩五跨。桥面总宽1.2米。桥墩平面呈船形，为规整块石砌筑，迎水面砌成分水尖。下石梁桥为双跨石梁桥，建于清道光己酉年（1849），桥总长12.5米，宽1.3米。中间桥墩平面呈船形，由条石横竖叠砌六层，挑梁式，迎水面砌成分水尖，以减轻水流对桥墩的冲击。

中石梁桥全景

上石梁桥桥墩　　　　　　　　　　　　中石梁桥桥墩

上石梁桥桥面

下石梁桥全景

　　三滩石梁桥群分别建于三个年代，为清代至近现代平板式桥梁建筑代表实物，集中见证了南田山区道路交通设施的发展变化。

　　2022年6月，三滩石梁桥被列入文成县第六批县级文物保护点。

富岙桥

富岙桥位于文成县黄坦镇富康民族村驮丘边自然村驮丘边溪上，西南至东北向横跨驮丘边溪，始称"济全桥"，建于清道光二年（1822），又因该桥原为西坑镇五步（今梧溪村）人所建，俗称"五步桥"。1958年被洪水冲毁，1963年重建，定名为"富岙桥"。桥为单孔石拱桥，全长15.8米，宽2.7米。桥面由溪中卵石铺就，桥的两侧置栏板，桥身由块石垒砌，拱券部分由规整块石横砌筑，净跨10米，矢高5.6米。桥西南侧设五级踏步，可通往黄坦镇、珊溪镇；东北侧设七级踏步，通往西坑畲族镇、景宁畲族自治县。

拱 券

桥 面

桥栏杆

全 景

2012年12月，富岙桥被列入文成县第五批县级文物保护点。

永安桥

永安桥位于文成县巨屿镇穹口村穹口自然村，东北至西南走向，建于民国二十四年（1935），为单孔石拱桥，框式横联拱券，花岗岩质，总长约24.99米，其中桥面长约14.88米，东北侧台阶长约5.29米，西南侧台阶长约4.82米，桥面宽约4.41米，失高约9.18米，净跨约17.45米。西南、东北桥头各设十三级不规则块石踏跺，桥面由条石和块石有规律砌筑，桥面沿缘各设十根望柱，望柱间均用长石板连接。桥基砌筑在崖壁上，拱券排列方式整体采用匡式横联。

桥　面

全　景

该桥美观坚固，是我县矢高最高的石拱桥。

2012年12月，永安桥被列入文成县第五批县级文物保护点。

周济桥

周济桥位于文成县百丈漈镇西段村和镇头村之间的水库内，东北至西南走向，连接镇头村和西段村。该桥为三孔石拱桥，拱券两大一小，净跨自东北向西南依次为9米、7.5米和4米，矢高为4米、4米、2米。全长40.4米，宽3.7米，桥身皆由不规整块石砌筑，拱券用规整块石横联砌筑而成，桥面与分水尖在1958年建水库大坝时被拆除大部分，已残缺不全，现桥面呈拱形状，无踏步。1960年水库开始蓄水时被淹。从清咸丰六年（1856）刻的桥碑得知，此桥名为周济桥，古时是青（田）瑞（安）两邑之通衢。

全　景

桥　身

该桥是由西坑畲族镇敖底村周作典于清咸丰乙卯年（1855）独自输金七百余两建造。无奈刚开始建造，周公即辞世，其子继承父志，力以成之。经营于仲春，告竣于季冬。周作典，字开宗，号金峰，武库生，钦授千总衔。

周济桥是文成目前为止发现的首座三孔石拱桥，它的发现对研究我县古代交通情况和桥梁建筑有一定的价值。

2012年12月，周济桥被列入文成县第五批县级文物保护点。

文成文物

不可移动文物卷

墓葬

墓，是人的最终归宿，那些厚葬或是殊异墓葬，有着无尽的神秘感与禁忌感。厚积时光之后，它们犹如一部部充满谜团的历史之书。

文成县现存的古墓葬有五十余处。

刘基墓

刘基墓坐落在文成县南田镇西陵村坟前小自然村，村后是海拔高达1140米的"鹤岭西陵峰上峰，嶙峋高与玉霄道"石圃山，刘基墓就建在该山麓称"夏山"的缓坡上。因墓坐落在石圃山九条降脉四环之中，田墓前不远处有一突出小丘墩，故向誉"九龙抢珠"宝地。墓坐西面东稍偏北，扶椅式，由上、下坟坛和墓冢组成。下坟坛与西侧空地相连，呈凸字形，为泥地，上长杂草。上坟坛高于下坟坛，与下坟坛间的挡土墙以乱石垒砌，成一字坎；坟坛亦为泥地，上长杂草。1985年，墓地四周用块石砌筑垣墙，垣内随植松柏。

全　景

刘基身为明开国元勋，不仅为官清正廉明，刚正不阿，且忧国忧民，崇尚俭朴。刘基墓不砌条石块石，只筑一丘土茔，砖室封土。后人瞻仰芳草丛生、松柏常青的刘基墓，自然就会想起先人的品格，激励人们奋发向上。刘基墓的简朴给后人留下了宝贵的精神遗产。

2001年6月，刘基墓与刘基庙被合并列入第五批全国重点文物保护单位。

岩葬墓群西段

苦马塘岩葬墓群位于文成县黄坦镇云峰村下源底自然村以南，环山坳呈一字排开，一共68座150圹，墓因山势而建，亦呈弧形分布，朝向自东南至西南向不等。岩葬墓建造方法比较简单，即在崖壁底部横向开凿凹龛，龛内用青砖或红砖分隔成两个或多个墓室，通常每室宽约0.5米，高0.8米。墓室进深因葬具而异，葬金瓶者墓室进深通常仅0.5米，葬棺木者墓室进深则为2米左右。墓室入口端用砖石封砌。根据封口外部形制及建筑材料的差异，可将该墓葬群分为简易砖石门型、拱券门型、金屏门型三种类型。

根据墓穴形式，墓志、族谱记载及当地口碑资料，墓葬群始于清末民初。岩葬墓主人均为当地人，早年多为贫苦山民，形制简朴，多不曾有墓碑，更遑论记载墓主生平的碑记了。其后，因该地符合当地风水观念，且具有洞龛干爽、日照充足等优势，遂受到富有乡绅青睐，墓地多为当地王、张、邢、程"四大家族"所占据。

张公之墓

王孔玠墓

岩葬墓群东段

局部地带墓群

该岩葬墓群属浙江省内首次发现，是继发现石棚墓、土墩墓、悬棺墓后新添的一种特殊的墓葬形制。

2011年1月，苦马塘岩葬墓群被列入浙江省第六批省级文物保护单位。

蒋介石、张学良题词墓

蒋介石、张学良题词墓位于文成县百丈漈镇石庄村下石庄自然村取基蛙蟆丘山腰，坐北朝南，建于民国二十四年（1935）。墓葬为花岗岩石构造，圈椅式，由墓室、碑亭和上下拜坛组成。通进深8.5米，通面阔4米。墓葬中穴青石质封门分两行，楷书阴直刻"富公松亭府君之墓"八字；左穴青石质封门分三行，分别用行书和篆书阴直刻"松亭先生安窀利其嗣人张学良"等文字；右穴青石质封门分三行，楷书阴直刻"松亭先生安葬既安既固蒋中正"等文字。

张学良题词墓碑拓片

蒋介石题词墓碑拓片

全　景

据考证，墓主富松亭为宋代丞相富弼后裔，生平乐善好施。其次子富文（1895—1965），字郁离，文成县西坑畲族镇梧溪村人，民国十年（1921）与陈诚同时考入保定军校第八期。后任陕西省第一政区行政督察专员兼保安司令暨榆林县长，民国三十年（1941）转任苏、皖、鲁、豫四省边区干训团教育长，民国三十四年（1945）改任后勤部第一补给副司令、司令。1949年赴台。

该墓因同时有张学良和蒋介石两位名人题词，并且时间发生在著名的"西安事变"前，全省罕见，意义重大。

2009年1月，蒋介石、张学良题词墓被列入文成县第六批县级文物保护单位。

刘濠、刘瑜墓

刘濠、刘瑜墓位于文成县西坑畲族镇塘垟村黄坑自然村金钗桥边。原墓地面积有2700多平方米，坐东朝西。《南田山志·古迹》载："宋翰林刘濠墓在南田西十里之黄坑水口，十二世孙刘瑜袭封诚意伯附葬墓前，俗称石马坟。"墓丘曾遭多次盗掘，破坏严重。神道两侧立有石翁仲、石马、石狮、石羊各一对，残留墓碑两通——"宋翰林掌书阁刘公之墓"为刘基曾祖刘濠之墓，"明开国文臣刘公墓"为刘基后裔袭封诚意伯刘瑜之墓。

石翁仲

石马

香炉

石碑

刘濠，字浚登，刘基曾祖，累官翰林掌书。

2012年12月，刘濠、刘瑜墓被列入文成县第七批县级文物保护单位。

周冕墓

周冕墓位于文成县黄坦镇驮岙村坟亭山南麓，坐南朝北。墓呈交椅式，由墓室和三级坟坛组成，外环以垣墙。墓室封土上部隆起，中央置宝珠形刹顶。墓立面四柱三间，柱间封砌青石板，上篆刻"周公墓"三字，柱身镌有楹联。上部用条石压面作为祭台。祭台后部正中立有方形浅龛，内雕刻神位牌，龛两侧支石作抱鼓形，立面减地、浮雕八仙图。祭台两侧转角处设立柱，柱身亦施雕饰，柱头设蹲狮一对。墓室三面用规整块石砌筑两层坟圈，上覆青石板，结缝严密。坟圈、拜坛三面用条石和石板竖砌垣墙，悬山顶，屋面雕瓦垄，檐口刻勾滴，脊立面及脊端上翘部位饰卷草纹。垣墙后部做成弧形照壁式，两端立砌方柱，柱间并排竖立九块长方形石板，雕成槅扇样式。槅心楷书阴刻墓主生平事迹，

全　景

上下部绦环板除正中槅扇雕博古和五蝠捧寿图外，均浮雕各式花卉。裙板上则多雕饰人物故事及花卉图案，雕工精细，栩栩如生。两侧各砌四段迭落式马头墙，前段挡墙内置土地神龛。一、二级坟坛两侧砌有二级祭台，立面刻有诗歌和楹联。下坛外侧置旗杆石两副，石侧立面阴刻"儒学训导"及"同治壬申"字样。墓室前设风水墙一座，中间置葫芦形香龛。

南极仙翁图

石　狮

抱鼓石

照 壁

　　该墓建于清光绪壬午年（1882）。全墓以青石构筑，相传雕刻者为泰顺县筱村石匠，历时三年始完工。墓主周冕，又名铭勋、祖汉，字服之，号郁斋，增广生，西坑敖里村人，同治九年（1870）以纳粟例授试用训导。

　　2012年12月，周冕墓被列入文成县第七批县级文物保护单位。

周开盛墓

周开盛墓位于文成县黄坦镇培头村富竹岭自然村馒头岗东麓。据西坑畲族镇敖里村《周氏宗谱》载，该墓建于清咸丰六年（1856），坐东朝西。扶椅式，由三级拜坛和墓室组成，外砌迭落式风火墙绕全穴。用料为规整青石与花岗石，青黄相间，实为好看。墓穴正立面嵌三块青石板，阴刻"周公墓"三个大字。墓穴圈椅后靠神位牌楼一座，中置青石质墓志铭一方。三级拜坛均为花岗岩质块石错缝平整铺设，第三级拜坛为半圆形，砌边高出地面63厘米。第一级拜坛左右石壁阴刻诗歌四首，左右风火墙置青石神橱（龛）。其墓做工之考究，为清代浙南墓葬所少见。

全　景

雕　饰

墓圈档墙

2012年12月，周开盛墓被列入文成县第五批县级文物保护点。

遗址

先民曾在山川之间，狩猎、捕鱼，逐水而居，艰难求生。

先民们曾在丛林之中制陶、烧瓷，追求生活的安定与美好。

他们是谁，已难觅踪迹，透过这些曾为生存战斗，为生活拼搏的痕迹，他们的英勇不屈，历历可追！

鲤鱼山遗址

　　鲤鱼山遗址位于文成县珊溪镇街尾村街尾自然村鲤鱼山山顶。鲤鱼山三面临水，孤卧飞云江边，状似鲤鱼栖滩。唯南向跟罗山形成低平地带，顶平坡缓。遗址分布在山顶，海拔约30余米，分布面积约6000平方米。1983年第二次全国文物普查时，陆续发现石斧、石锛、石镞等遗物。1984年春进行详细调查，又采集到石刀、石凿、石锛等多件石器，质地均呈青黑色。根据遗物分析，确定该遗址年代为新石器时代晚期。

鲤鱼山全景

磨 棒

（长10.3cm，宽2.5cm）

石 刀

（长9.6cm，宽4.6cm）

石 凿

（长9.5cm，宽2cm，高2cm）

石 环

（长5cm，宽4.3cm）

石箭头

（长10.5cm，宽2cm，高1.5cm）

石 锛

（长7.9cm，宽3.3cm）

石 斧
（长16.5cm，宽11cm）

石 镰
（长15cm，宽4cm，高1.5cm）

1984年4月，鲤鱼山遗址被列入文成县第二批县级文物保护单位。

碗岗山窑址

　　碗岗山窑址位于文成县珊溪镇坦岐村坦岐自然村碗岗山南麓，坐北朝南，烧造年代为南宋至元初。现为一片农田并植有很多树木，山路两侧地面散布很多瓷片，分布面积达4000平方米。该窑址产品主要有碗、洗、盘、盆、壶、碟等。胎质细腻坚硬，釉色以青绿、青黄为主，亦有少量黑褐色，釉质润厚，晶莹透亮。纹饰以素面为主，部分刻划篦纹、弦纹、莲瓣纹和双鱼纹等。窑具有圆筒形匣钵和矮足喇叭形垫具两式，外表明显保留瓷釉。

碗岗山窑址现状

黑褐釉素面小盏

（口径9.3cm，底径4cm，高3.5cm）

青绿釉瓜棱小壶

（腹围23.5cm）

青釉小碟

（口径9.5cm，底径4.2cm，高2.6cm）

1984年4月，碗岗山窑址被列入文成县第二批县级文物保护单位。

吴成七古寨址现状

火烧米

吴成七古寨址

　　吴成七古寨址位于文成县大峃镇金炉村和黄坦镇新峰村交界处。吴成七（？—1357），原青田县八都（文成黄坦）人，出身盐贩，元末至正十三年（1353）起兵数万抗元，在黄坦界上筑高垟、马坪二寨，后在近县边界建立天狗、水盘、水牯、白杨、羊头五寨，自称"吴王"，势力远达温州、处州、婺州、建宁等府。复以原瑞安、泰顺、青田三县交界之天险洞尖山为总寨，翼以七营，列寨百余，首尾联络。

　　现吴成七古寨址即洞尖山总寨，海拔735米，东、西、南三向为连绵起伏山峦，四面陡峭绝壁。寨基草皮下遗存大量炭化火烧米（或谷）和古瓷、陶、瓦等残片。
　　1984年4月，吴成七古寨址被列入文成县第二批县级文物保护单位。

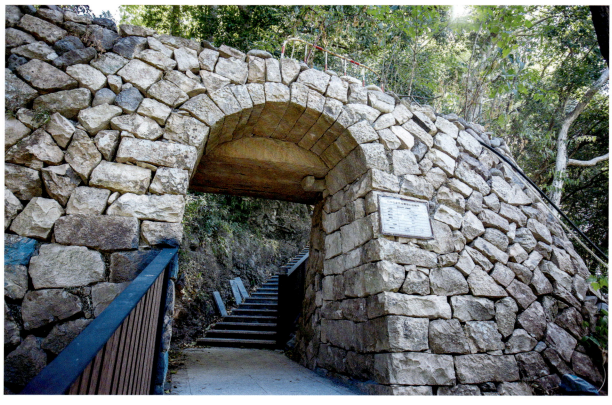

全　景

狮岩寨西寨门

狮岩寨西寨门位于文成县玉壶镇上村村玉泉溪畔。寨濒溪浒，陡壁高峙，地势险要，为御倭防寇而建。其山壁岩有形如狮，故名狮岩寨。原建于明嘉靖三十一年（1552），今城堡已废，仅留西寨门，块石垒砌，高2.9米，宽1.6米，基脚厚1.4米，拱顶厚0.88米，寨门两拱壁凿有两个门闩孔。清嘉庆《瑞安县志》载："嘉靖壬子（1552），为防患，胡文轩辈谕众，筹集筑壁城……"又光绪版《瑞安县志》载："嘉靖壬子，海寇登陆，邑侯吴门刘公先事筑城，邑丞肖山赵侯以公务入境，捐俸助成，城高二丈，址阔一丈五尺，面阔九尺，中为寨房，题额曰'狮岩寨'。乙卯（1555）春，闽寇入境，老幼赖安。"

2001年6月，狮岩寨西寨门被列入文成县第一批县级文物保护点。

西坑下窑址

　　西坑下窑址位于文成县南田镇西垟村西坑下自然村，沿蛤蟆山东面缓坡分布。地表散落大量瓷片、漏斗形匣钵及M型匣钵、垫饼、窑砖。烧制黑釉圈足盏、浅腹碗、碟为主，釉色素黑，口沿则多呈酱色，同时兼烧少量的青瓷和青白瓷，产品和器型比较单一，属典型的南宋建窑系窑址。

　　此窑址为研究宋元时期温州陶瓷生产与贸易及闽浙边境地区瓷业的交融发展提供了新鲜材料，具有重要意义。

西坑下窑址现状

M型匣钵

（直径25.6cm，高8.0cm）

漏斗形匣钵

（直径17.0cm，高12.4cm）

垫　饼

（长4.1cm，宽3.9cm，高1.8cm）

黑釉盏

（修复口径10.5cm，底径5.0cm，高5.0cm）

黑釉碗

（修复口径12.0cm，底径5.0cm，高4.5cm）

青釉花口碗

（修复口径10.5cm，底径4.0cm，高5.0cm）

青釉碟

（修复口径11.0cm，底径3.3cm，高3.0cm）

2022年6月，西坑下窑址被列入文成县第六批县级文物保护点。

内 景

洞 口

内 景

银矿洞遗址

银矿洞遗址位于文成县铜铃山镇铜铃山森林公园景区内十二澄,铜铃山明时属青田县,地处青田与泰顺交界地带,当地俗称"银坑洞"。坐西北朝东南,为明代开采银矿遗址。矿洞外表由山间块石沿山体向外倾斜垒筑,洞口长方形,宽1.1米,高2米,平顶,底部由山间块石铺就。洞内略呈圆形,最宽处直径约2.3米,深约100米。原来附近遗存有石磨盘多副,溪边有踏碓臼、洗银石槽等,2005年被洪水冲失。

2022年6月,银矿洞遗址被列入文成县第六批县级文物保护点。

石窟寺及石刻

古人勒石，望其形迹长
存于世间，但岁月婆娑，花
开花落，何者可永恒？

樟山摩崖造像

樟山摩崖造像位于文成县大峃镇樟山村岩壁上，为元泰定三年（1326）石刻，单一花岗岩巨石。南面石刻造像浅浮雕，上刻屋檐，下刻跣足走势人像三尊：前为男性，目注右手经卷，左手执朝笏，高1.31米；中似女性，右手擎燃灯小钵，左手置胸前作膜拜状，高1.35米；后为短衣袒怀侍童，双手执长竿幢幡，高1.24米。画面面积4平方米，造像姿态逼真，面部表情形象生动，衣褶线条流畅多变，具有南宋石刻风格。

全　景

1984年，樟山摩崖造像被列入第二批县级文物保护单位。

磻岩摩崖石刻

磻岩摩崖石刻位于文成县大峃镇花横村村头龙溪溪畔。阳面向西，长约1.2米，宽约1.1米，直书阴刻"磻岩"两个大字，楷书，字口高0.77米，字径宽0.55米，笔墨端庄，字迹清晰，颇得古意。落款二行，字略小，为"淳熙己酉岁□轩吴宏甫题伯宗书"十四字，字迹模糊，较难辨认。经查证，"淳熙己酉岁"即南宋淳熙十六年（1189），岩以磻名，其必取乎尚父磻溪之义。

磻　岩

2012年，磻岩摩崖石刻被列入文成县第五批县级文物保护点。

岭头摩崖题记

　　岭头摩崖题记位于文成县百丈漈镇篁庄村头漈至二漈岭头路边峭壁上。面朝向西，框高86厘米，宽120厘米，行楷书，阴刻，共竖刻十行，每行刻十字，字径7厘米。石刻前方即为1935年刘耀东与弟卓群共建的石岭。

　　石刻正文曰："中华民国二十四年己亥，伐山开径，串通二漈，□□者蒋叔南、陈敬弟、丁辅之、杨振昕也，越九年甲申，偕孙傅瑗、余绍宋、俞寰澄、许绍棣、钱南扬、洪奂春来，又复修岭矣，再明年丙戌秋，同以定邦、兰钟伍、王超然，族子旭明来。"落款为"七十老人刘耀东祝群题"。

全　景

　　2012年，岭头摩崖题记被列入文成县第五批县级文物保护点。

朱垄山摩崖题记

朱垄山摩崖题记，位于文成县南田镇南田村朱垄山，题记共四幅，楷书，阴刻。仙叠岩洞内刻"磊落光明"四字，每字长约23厘米，宽约18厘米，民国十二年（1923）刘耀东题；仙叠岩西面石磬洞石壁刻"透澈"二字，每字长宽约30厘米，落款为"光绪二十年甲午刘耀东题"（实际刻于民国二十二年），北面刻"祝群讲学处"，每字长约40厘米，宽约23厘米，无款；龟寿岩石壁刻"气象万千"，落款为"癸酉秋刘耀东祝群题"。

龟寿岩石壁"气象万千"

石磬洞石壁"透澈"

朱垄山摩崖题记为南田文化名人所题，书法精美。

2022年，朱垄山摩崖题记被列入文成县第六批县级文物保护点。

文成文物

不可移动文物卷

牌坊

每座牌坊都承载着故事，催人奋进或动人凄美，见证了过往人们的人生价值……

文成县现存牌坊八座，其中石牌坊两座，为地方的独特景观。

金山节孝坊

　　金山节孝坊位于文成县黄坦镇上坪三村。青石构筑，表面磨光，精雕细刻。四柱三间，各蹲石狮一尊。明间高6米，由石梁分为五层。顶层立"大总统命"牌座，第二层刻"为前清儒士吴德一妻夏氏立"。第四层刻黎元洪题书"节励松筠"。两次间各三层，有双狮抱球、牡丹朝凤、水浪衬月、姜子牙钓鱼等图案，多属浮、镂雕，其中钓竿和钓线穿石留线而成，人物面部表情栩栩如生。坊前立条石刻花栏杆，其余三面石砌围墙，后壁中置"旌表碑"一座。

全　景

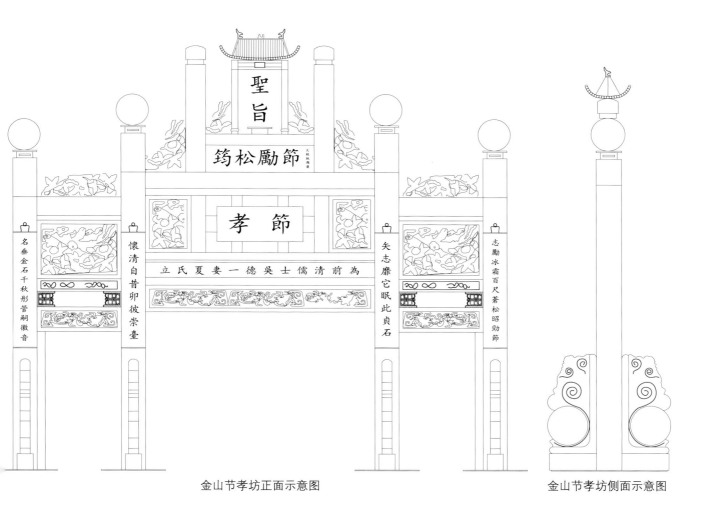

聖旨

節勵松筠

節孝

為清儒士吳德一妻夏氏立

名垂金石千秋彤管嗣徽音

懷清自昔卯彼崇臺

矢志靡它眠此貞石

志勵冰霜百尺著松昭勁節

金山节孝坊正面示意图

金山节孝坊侧面示意图

1984年4月，金山节孝坊被列入文成县第二批县级文物保护单位。

百岁牌坊

百岁牌坊位于文成县大峃镇徐村村下徐自然村徐村街42号旁，坐北朝南偏西，建于清咸丰年间（1851—1861）。牌坊整体为木质结构建筑，高5.5米，三间八柱三楼，左右两正柱外侧各添三柱支承出檐。屋面为悬山顶，铺小青瓦，施勾头滴水。明间过道宽2.2米，内柱柱径较大，方形抹角，落于花岗岩质长方形底座石台基上，前后皆用木质抱鼓形砷石支撑，砷石上雕刻花瓶、如意等图案。内柱前后出四跳升斗承托檐坊，两山前后加柱撑顶。次间外三柱均用青石质圆鼓形柱础。坊为村内老人百岁时地方官吏奏请皇帝赏赐，并准兴建"百岁牌坊"作纪念。村民将牌坊立在下徐村主要的村道之上，为的是从其下经过者也能沾染福气。

梁 架

台 基

柱 础

木质抱鼓

百岁牌坊保存基本完整，具有浙南古建筑风格，为了解当时的社会生活理念、传统礼教、道德观念等提供了实例。

2012年12月，百岁牌坊被列入文成县第七批县级文物保护单位。

夏时光墓道坊

夏时光墓道坊位于文成县黄坦镇上坪村陈山自然村，坐东朝西偏北，建于清嘉庆八年（1803）。三间四柱三楼式青石质结构，面阔6米，高5.5米。石柱断面呈方形，前后皆用抱鼓石稳固。明间设下枋、花枋、中枋、定盘枋，定盘枋上置石刻叠涩斗拱，拱底用悬柱承托，屋面为悬山顶，屋面雕有瓦垄，作筒瓦式样，有滴水瓦当，屋脊龙头鸱尾。下枋左右设雀替，为卷草纹，花枋前后两面楷书阴刻"清修职郎峰城粹斋夏公墓道"字样，落款处阴刻"嘉庆八年腊月辛酉吉旦"。左右次间设下枋、花枋、定盘枋，定盘枋上置石刻叠涩斗拱，拱底用悬柱承托。屋面为悬山顶，雕有瓦垄，作筒瓦式样，有滴水瓦当。右边次间立一石碑，为夏公墓碑，上刻夏贡士墓志铭。

全景

侧　面

明　间

抱鼓石

　　夏时光墓道坊保存完整，细部雕刻精美。

　　2012年12月，夏时光墓道坊被列入文成县第七批县级文物保护单位。

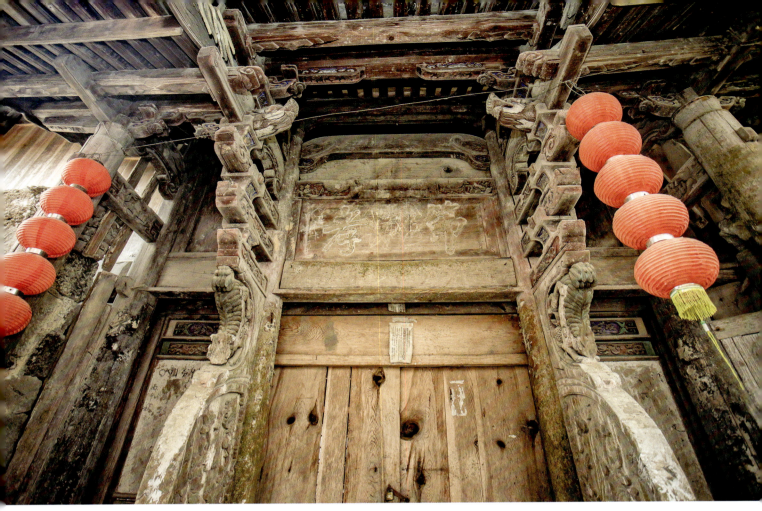

全　景

郑氏小宗祠节孝坊

郑氏小宗祠位于文成县黄坦镇莲头村，为莲头郑光俊（国学监生）及夫人徐氏祠堂，建于清晚期。徐氏为富峃徐成印公之女，国学监生郑光俊继室，郑光俊去世时徐氏三十三岁。光绪二年（1876）钦褒节孝，在郑氏小宗祠东北侧厢楼外侧立"节孝"坊。

节孝木牌坊为三开间双落翼悬山顶木结构牌楼。坐落于花岗岩条石台基上，平面用六柱，四根中柱，次间中柱前立有擎檐柱，皆为圆柱，各柱向中心略有侧脚。柱下用圆鼓形柱础，明间中柱鼓形础则连同木抱鼓长方形基座用同一块条石雕成。明间中柱前后用木抱鼓支撑，抱鼓表面雕刻丰富。牌坊构架为穿斗式，中柱圆栌斗直承脊枋和脊檩，用蝴蝶木固定。明间中柱上部前后各出偷心插拱三层，上坐斗承单步月梁，横向斗口出龙头。明间置龙门枋和正心额枋。龙门枋表面浮雕卷草纹，与正心额枋间为平版，双勾线横书"节孝"二字。次间中柱与擎檐柱间架单步梁，下有穿枋一道。牌坊屋面为双落翼式悬山顶，上铺小青瓦，檐口用木质封檐板。牌坊原开有四扇六抹头格扇门，现剩两扇移至次间中柱后。

木质抱鼓 斗 拱 格扇门

2012年12月，郑氏小宗祠"节孝"坊与郑氏小宗祠被合并列入文成县第七批县级文物保护单位。

叶刘氏节孝坊

叶刘氏节孝坊位于文成县西坑畲族镇让川村村尾，坐东北朝西南，清中期建筑。为三间八柱（左右两边柱前后各添一柱支承出檐）悬山顶木构牌坊，通面阔6.68米，其中明间面阔2.9米，通进深5.75米，总高4.9米。牌坊明间仅设中柱，二柱呈一字平面落于长方形底座石上。底座石青石质，前后用木质抱鼓支撑，抱鼓上刻卷草、凤凰、花卉纹。明间大小额枋之间悬有"节孝"匾额。次间进深三柱三檩，穿斗式，不施斗拱，前后檐柱各出斜撑支撑穿插枋、挑檐檩，悬山顶，前檐施飞椽，阴阳合铺小青瓦。

全　景

木质抱鼓

牛 腿　　　　　　　　斗 拱

叶刘氏节孝坊整体构架简洁，但细部雕刻精细。

2012年12月，叶刘氏节孝坊与叶氏宗祠被合并列入文成县第七批县级文物保护单位。

红枫古道

在文成，参天的枫树仿佛是人与自然签订的契约，由它来守护着路，护着来来往往的人，也守护着一个个村落，望见它便望见了人间的烟火。

古道蜿蜒，通向山的深处，也通向久远的历史……

文成县红枫古道多修建于元明时代，经历代积累和不断的修缮，遍布大镇小乡。现今保存较为完好的红枫古道有四十三条。

大会岭、道岭古道

　　大会岭古道位于文成县大峃镇吴岭村至百丈漈镇富垟村岭头自然村，始建于元代，明、清、民国时期多次修缮，古时是沟通青田县、景宁县、云和县、龙泉市与瑞安市、泰顺县、平阳县的重要交通枢纽。古道东西向沿山势而设置，从岭脚到岭头全程约5千米，共设4500级踏步，每级踏石宽1米至2米不等，用不规整块石和花岗岩条石分段铺就，部分路段在山水流经多的路面迎水处砌有护坎，以免山水冲刷毁了路面。整条古道的最陡处为半岭"米斗直"那段，传说村民要爬这段岭需要吃一斗米才有力气过去，可见其陡峭的程度，也反映出古时劳动人民造岭时的艰辛。古道两侧共有历年种植的古枫84株，以及其他品种树木众多；沿古道自下而上分布着众多的文化遗存，岭脚处有会吉桥、岭脚亭、会林寺遗址，半岭处有会云寺门台、半岭亭、许府庙、香亭、水井佛庙、白杨寨遗址，岭头处有云亭庵遗址、云顶寺遗址、古井、古杉树，古道两侧还保存有确切纪年的、用于记录维修古道和建造历史遗存的古石碑十余通。

大会岭古道

大会岭古道会吉桥

大会岭半岭亭

大会岭老石碑

大会岭流米岩

大会岭路面　　　　　　　　　　　　　　　大会岭岭头段

大会岭徐府庙

道岭古道

道岭古道长岭桥

道岭古道路面

　　道岭（又称苔岭）位于文成县大峃镇吴岭村靘青山岭根脚到二源镇呈岭村岭头自然村，始建于明代，古时是沟通百丈漈镇、二源镇、南田镇与大峃镇的重要交通枢纽。全程约5千米，沿途共有36个拐，拐角处设平台，既窄且陡，窄之处都建花岗岩质护栏，以确保过往行人安全，古道两侧共有古枫92株；古道沿山势而设，早期用不规整的乱石铺砌，民国时期当地村民在岭脚起步处改用花岗岩质条石铺设，条石长1.7米，宽0.4米；古道岭头处有始建于清光绪十六年（1890）的景福堂，半岭和岭脚处都建有路亭，亭旁有山泉供路人饮用，古道两侧同时还保存有确凿纪年的古石碑五通，记录着当地乡绅和村民修缮古道和历史遗存的事迹。

道岭古道半岭亭

2011年1月，大会岭、道岭古道被合并列入浙江省第六批省级文物保护单位。

猫狸擂岭古道

猫狸擂岭古道位于文成县大峃镇屿根社区三叉路口至垟丼村，旧为文成、平阳、泰顺三县百姓交通要道，明清时建造，行人络绎不绝，以山高岭陡而名，海拔约为400米。全程从岭脚处到垟丼村约3590米，路面即有用长1.3米至1.4米不等，宽0.35米至0.36米不等的青石板铺设，又由宽约1米的不规则块石铺砌。古道两边共有59株红枫。

垟丼村段人文景观有清嘉庆癸亥年（1803）始建，同治癸亥年（1863）、光绪元年（1875）、1995年修建的永福堂（俗称茶堂亭）和清光绪二十年（1894）移迁到此的吴氏宗祠、民国二十三年（1934）重建的吴氏宗祠分祠，途中还有清同治十三年（1874）始建的宗福堂，岭脚有陈十四娘娘殿和五显爷殿、清泉亭。

传说屿根村周氏始祖周一公到庐山洞学法回家，得知猫狸岭头猫狸成怪，变男变女，危害百姓，即行法以除，猫狸从岭头一直滚到岭脚，故此岭以"猫狸擂（方言，'滚'的意思）岭"命名。

猫狸擂岭古道

猫狸擂岭古道路面

2009年1月，猫狸擂岭古道被列入文成县第六批县级文物保护单位。

松龙岭古道

松龙岭古道位于文成县大峃镇下沙垟社区至里阳垟外村猫狸塘，南北走向，明代古道，全程约2.4千米。古道上通里阳乡，下达大峃镇、玉壶镇、泰顺县、平阳县，路面主要以不规整块石铺砌，后期用花岗岩条石修缮，多拐，古道两旁遍布多种名木古树，以枫香为主。沿途有竹林、农家乐、高山民居、徐三公庙、龙儿头路亭、金畔相公殿等人文景观，环境优美，景色宜人。

松龙岭古道

松龙岭古道路面

松龙岭古道

2009年1月，松龙岭古道被列入文成县第六批县级文物保护单位。

吴垟岭古道

　　吴垟岭古道位于文成县大峃镇吴岭村靛青山电厂至里阳余山村下余自然村，西南过往东北，明代古道，全程约2.5千米。古道南上通里阳乡余山村，北下达大峃镇、泰顺县、玉壶镇、平阳县，总共36拐，古道路面主要以不规则块石和花岗岩条石铺砌，两旁植被茂盛，名木古树众多，以古枫树为主，沿途有杨府爷殿、拐路亭、靛青山路亭、靛青山亭、瀑布崖石拱桥等人文景观，还有自然景观瀑布崖和"望夫石"。

吴垟岭古道路亭

瀑布崖石拱桥

2009年1月，吴垟岭古道被列入文成县第六批县级文物保护单位。

岩庵寺

岩庵岭古道

　　岩庵岭古道位于文成县大峃镇珊门社区云枫路1号至里阳西山村漈头庵，南北走向，明、清古道，全程约2千米，古道上通里阳乡，下达大峃镇、泰顺县、玉壶镇、平阳县。旧时古道路面主要以不规整块石为主，后期维修时部分路段用花岗岩条石铺砌，多拐。古道上人文景观众多，路旁有明万历十三年（1585）建造此古道的摩崖石刻、岩庵寺、云江亭、青云亭、怡然亭、茶亭、地主庙、双枫亭、洞桥，其中始建于唐代、明永乐年间重建的岩庵寺为县级文保单位；古道沿途植被丰茂，树木遮天。

岩庵岭古道风光

岩庵岭古道

岩庵岭古道路面

岩庵岭全景

岩庵岭枫亭

2009年1月，岩庵岭古道被列入文成县第六批县级文物保护单位。

五十二岭古道

　　五十二岭古道又名龙川岭古道，位于文成县大峃镇上马村至龙溪村丘口亭，东西走向，明清古道，全程约3.5千米。古时上通百丈漈镇、南田镇、青田县，下达黄坦镇、大峃镇、瑞安市，路面早期用不规整毛石，晚期用条石铺就而成。古道两侧遍布枫香、松等树，沿途有五十二岭北、中、南三座单孔石梁桥，有板栗、梨子、葡萄、桃子、柚子、李子等园地供人们假日休闲。

五十二岭古道

五十二岭古道

2009年1月，五十二岭古道被列入文成县第六批县级文物保护单位。

岭根岭古道

岭根岭古道位于文成县南田镇武阳村至青田县岭根乡岭根村滩坑水库南岸埠头，南北走向，原为山间小道，明洪武年间（1368—1398）刘基之子刘仲璟与侄仕端集资造岭。民国二十二年（1933），刘耀东等集资重修，南上通往南田镇、文成县城、景宁县、瑞安市，北下达青田县、丽水市，为旧时南田出山之岭，全程10.1千米。路面早期大多由不规则块石铺就，平均路宽1.2米，民国时期维修时部分路面改为条石铺砌，途中有古枫香树86株和明刘仲璟造岭时种植的古松数百株。沿途人文景观有民国二十四年（1935）刘耀东造的岭头云来门、民国三十二年（1943）"一勺堂石碑记"石碑、岭头小寺院遗址、岭头过廊、岭头路亭、半岭田五显爷殿、明代半岭田茶屋、半岭田两通亭、岭根水库埠头、武阳的"明刘基修建房舍碑志"石碑、古水井、石臼、牲畜食槽、清乾隆二十八年（1763）"明开国太师文成公故里纪念碑"、清代故里亭、刘基祖父刘庭槐墓、刘基武阳始祖刘集墓等。据说此岭也是明时刘基到青田石门洞读书的必经之路。1935年末，刘英率省委机关警卫队和挺进师第三支队，从景宁经青田岭根岭入南田，缴获驻地反动武装枪支弹药。

岭根岭古道云来门

路　亭　　　　　　　　　　　　　　岭根岭古道岭头路亭

"明刘基修建房舍碑志"石碑

2009年1月，岭根岭古道被列入文成县第六批县级文物保护单位。

五十都岭古道

　　五十都岭古道位于文成县玉壶镇龙一村龙坑自然村至二源镇岭头村，东南过往西北，明清建筑，全程约3千米，平均路宽1.1米，路面前期以毛石铺就为主，中后期用条石修缮。古道东南上通往二源镇、南田镇，西北下达玉壶镇、周壤镇、大峃镇，沿途人文景观有增福桥、安定桥、五十都岭石板桥、岭头村观音殿、岭头路亭、茶垟坑路亭、坳门亭、天然瀑布，还有楒树、竹林等，其中古枫香树105株。古道边有茶垟坑，发源于谈阳岭头，经茶叶山、枫树龙、上村流入玉泉溪。

五十都岭古道岭头路亭

五十都岭古道天然瀑布

五十都岭古道

五十都岭古道石板桥

2012年12月，五十都岭古道被列入文成县第六批县级文物保护单位。

八都岭古道

　　八都岭古道位于文成县西坑畲族镇塘垟村洪桥自然村桥头至南田镇横山村，南北走向，元、明时期建筑，全程约3.6千米，平均路宽0.9米，路面以毛石铺就为主，踏步以条石为主。古道南上通往南田镇，北下可达西坑镇，是旧时南田镇与西坑镇的交通要道。沿途有古枫香树38株，大松树8株，人文景观有官钟桥（水泥铺面，现代建）、八都岭石板桥、八都岭凉亭（1923年建）、塘垟水井、茶叶基地等。传说刘基幼时去往西坑镇梧溪村外婆家就走此路。

八都岭古道

八都岭古道岭头路亭

2009年1月，八都岭古道被列入文成县第六批县级文物保护单位。

樟坑岭古道

樟坑岭古道位于文成县大峃镇龙川社区樟坑村店基坑自然村至龙马村，东西走向，为明、清古道。全程约2.7千米，路面由单块或多块不规整块石铺砌，局部路段山土铺就，路陡且多拐，宽0.3米至1米不等。沿途伴有84株枫香树，数棵楠树、杉树，还有竹林，农田基地，三座路亭，一条碇步及一座建于民国三年（1914）的崇福桥，自然人文景观丰富。

古道通往地方较多，以龙马村十字路口为界，西下通行富岙、西坑镇、景宁县，西北通行百丈漈镇、南田镇，东下达龙川、大峃镇、瑞安市等，古时来往行人络绎不绝，担者塞途。现西下部分古道已被改建。

樟坑岭古道路面

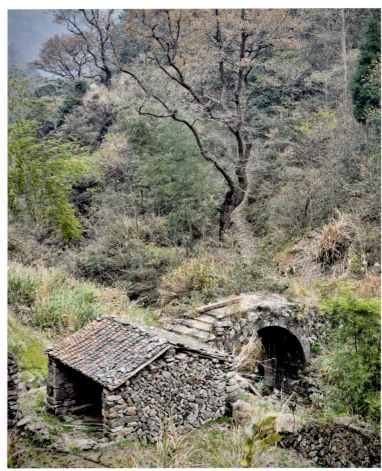

樟坑岭古道路面 樟坑岭古道崇福桥

2012年12月，樟坑岭古道被列入文成县第六批县级文物保护单位。

文成文物

不可移动文物卷

革命文物

文成人民在中国共产党的领导下，前赴后继、浴血奋战，谱写了可歌可泣的英雄史诗。

先辈留下的革命文物，见证着峥嵘岁月。

文成县有九处文物建筑经浙江省文物局认定公布为革命文物。

官山革命烈士墓

　　官山革命烈士墓位于文成县大峃镇珊门社区官山，全称文成县革命烈士陵园。1954年初建，1985年重建，占地面积7315.94平方米。由墓穴、纪念碑及绿地组成。纪念碑为三叶式，花岗岩砌成，高15米，下面摹刻毛泽东题词"为国牺牲永垂不朽"。墓穴岩石结构，埋有北伐战争阵亡烈士1名，土地革命战争时期牺牲烈士52名，抗日战争时期牺牲烈士115名，解放战争时期牺牲烈士108名及新中国成立后在剿匪、抗美援朝等战斗中牺牲的烈士79名，共355穴。

全　景

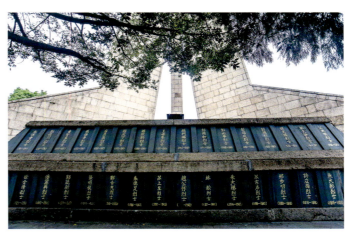

部分墓穴

1997年9月，官山革命烈士墓被列入文成县第五批县级文物保护单位。

2021年，官山革命烈士墓被列入浙江省第一批不可移动革命文物。

雅庄古民居

　　雅庄古民居位于文成县铜铃山镇下庄村雅庄自然村，始建于清道光十四年（1834），坐西北朝东南，建筑沿由轴线前后分为二进，第一进为前厅，第二进为后厅，一、二进之间为天井，两侧置东西厢房围合形成院落，东侧建有附房。台门单间两层砖石牌楼式，额刻"秀挹雅庄"。前厅面阔五开间带左右耳房，梁架均为前双步廊后单步廊九檩五柱抬梁穿斗混合式结构，悬山双坡小青瓦屋面。内天井正中铺3.5米宽石板通道，两旁下挖池塘，四周铺设阶沿石。东、西厢房对称，面阔三开间。正屋面阔五开间带左右耳房，明间七柱十一檩抬梁穿斗混合式结构，悬山双坡小青瓦屋面，板瓦垒脊。东附房面阔八开间。全建筑穿斗梁架榫卯严谨，滴水出檐下，全铺宽大面平檐条石。四周筑高大岩石围墙，西向加开一小墙门。

　　1936年秋，红军挺进师政委、闽浙边临时省委书记刘英率省委机关教导团到达岭后开辟根据地，10月底在下庄坳田搭台举行千余人军民联欢会。至1938年全面抗战前，下庄为省委机关常驻地，雅庄古民居东附房供作刘英办公住所。

前厅及前厅厢房

檐柱梁架结构

屋面

柱头斗拱　　　　　　　　柱　头　　　　　　　　牛　腿

正　厅

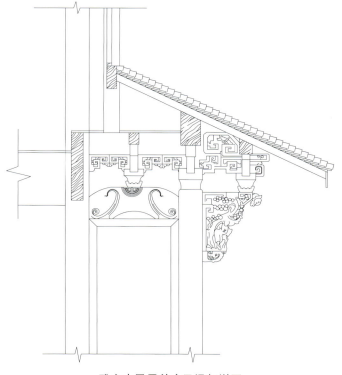

雅庄古民居前廊及梁架详图

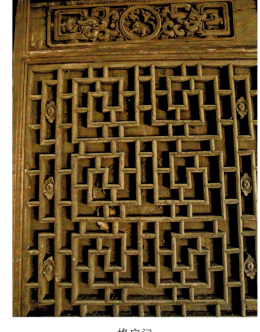

格扇门

月　梁

挂　落

2012年12月，雅庄古民居被列入文成县第七批县级文物保护单位。

2021年，雅庄古民居被列入浙江省第一批不可移动革命文物。

宝华寺革命纪念址

　　宝华寺革命纪念址位于文成县黄坦镇稽垟村城垟自然村东庄双尖山西侧深湾，坐东南朝西北，建筑始建于明初。现建筑由大雄宝殿及观音殿组成。大雄宝殿面阔三开间，重檐歇山顶，四角塑卷草，脊首设吻龙，明间进深四柱，上方施藻井，通高约10米。后壁神龛供奉如来，两次间摆放十八罗汉塑像。观音殿为2006年重建，面阔三开间，重檐歇山顶。明间进深四柱九檩，抬梁式结构。

　　1936年重阳日，红军挺进师政委刘英率部从珊溪到此开辟为革命据点，属抗日战争和解放战争时期地下党频繁活动中心及重要交通站，故于1942年4月与1947年冬，遭国民党军"清剿"时两次焚烧，数经老区群众抢救维修得以保存，具有缅怀革命史迹、弘扬革命传统的积极意义。

大雄宝殿

2001年6月，宝华寺革命纪念址被列入文成县第一批县级文物保护点。
2021年，宝华寺革命纪念址被列入浙江省第一批不可移动革命文物。

正立面

九星宫革命遗址

　　九星宫革命遗址位于文成县公阳乡上岳头村紫华山西麓，又名九莲禅寺，始建于明洪武年间，分上殿和下殿（大雄宝殿）。据现存碑志记载，清乾隆三十三年（1768）、嘉庆九年（1804），民国三十六年（1947），先后重修，直至1964年被毁前尚保存完善。现建筑于2005年重建，由大雄宝殿及厢房组成，殿通面阔19.4米，通进深17米，高15米，砖木结构，重檐覆盖琉璃瓦。

　　九星宫地处文成、瑞安、平阳边境，是革命战争年代的重要活动据点，1927年春瑞安西区公阳基层农会的成立、1930年6月12日公阳苏维埃政权在西山龙寺院的诞生，皆在九星宫作过秘密部署。浙南三年游击战争时期，刘英与粟裕等率部经常临此与敌周旋，成为闽浙边临时省和机关的后院。且周围有当年红军疗伤避风的甘漈、踏碓洞、红军洞等古迹及九龙潭名胜。

　　2001年6月，九星宫革命遗址被列入文成县第一批县级文物保护点。
　　2021年，九星宫革命遗址被列入浙江省第一批不可移动革命文物。

坦岐革命烈士墓

坦岐革命烈士墓位于文成县珊溪镇坦岐村坦岐自然村，坐西朝东，始建于1953年2月，1982年重修，总占地面积82平方米。墓呈圆形拱卷式，块石砌面，水泥封背。墓室壁面高1.2米，拱券突顶高0.8米，直径5.6米。墓前砖砌筑门台，高3米，宽2.2米，门柱雕塑颂联，门台两侧筑格状饰墙，其余三向为溪滩石头垒成的围墙，高1.5米。后壁中置一方长0.87米、宽0.58米的青石碑，铭刻着红军活动和解放战争期间来自江西、福建、景宁和当地有志男儿，在中国共产党领导下，为革命事业而英勇牺牲的烈士姓名。

墓 碑

全 景

2001年6月，坦岐革命烈士墓被列入文成县第一批县级文物保护点。
2021年，坦岐革命烈士墓被列入浙江省第一批不可移动革命文物。

全　景

坦岐革命星火纪念址包括地主宫、朱氏宗祠两处，位于文成县珊溪镇坦岐村坦岐自然村。地主宫始建于明代，1994年翻建，坐西南朝东北，现建筑面阔三间，明间设神龛，歇山顶，明间施八角七环藻井。朱氏宗祠始建于清光绪六年（1880），民国三年（1914）重修。建筑坐西朝东，是一座由门台、前厅、厢房、正厅组成合院式木构建筑。前厅五开间，明间进深三柱五檩，穿斗式结构，中柱分心前后带双步梁，歇山顶。南北厢房均三间、单层。正厅五开间，明间进深五柱九檩，抬梁式结构，五架梁带前双步梁后单步梁再带后单步梁，悬山顶。

1934年10月，共产党人朱大孝在坦岐创建中共瑞泰边联络站，秘密发展建党对象，地主宫与朱氏宗祠是当时主要秘密聚会点。1935年7月，朱大孝在地主宫秘密建立坦岐党小组，点燃文成县境革命星火。1939年，文成县境首个党支部在坦岐诞生，下属9个党支部，有中共党员240人。坦岐村由此先后成为中共瑞青泰县委、青景丽中心县委的活动基地和常驻地，曾受国民党顽固派4次重兵围剿，全村有20名地下党员为国捐躯。1941年11月11日，青景丽县委机关和坦岐村党员支部，在地主宫沉痛举行中共浙南委员会书记叶廷鹏英勇就义追悼会。

2002年12月，坦岐革命星火纪念址被列入第二批县级文物保护点。
2021年，坦岐革命星火纪念址被列入浙江省第一批不可移动革命文物。

水口宫

水口宫位于文成县周壤镇联丰村联丰自然村水口,始建明万历元年(1573),坐北朝南,单体建筑。正殿面阔五开间,明间进深四柱九檩,五架抬梁带前后双步梁。明间供奉三港爷、观音塑像。用材全取楮木,方柱粗壮。斗拱和雀替削棱古朴大方,藻井三环内收,井口八角,圆光彩绘双龙戏珠。双落翼式屋面,单檐硬山顶,阴阳合铺小青瓦。

因水口宫位于地形复杂地段,宜于隐蔽,便于疏散,解放前,共产党的地下组织曾择此为活动基地、联络据点,党的相关领导在此多次聚会宣传党的政策,商讨对敌方案,扩大党的队伍,为本地区的解放事业做出了贡献,确有光荣的革命历史,至今香火旺盛。

全　景

藻　井

壁　画

2002年12月,水口宫被列入文成县第二批县级文物保护点。
2021年,水口宫被列入浙江省第一批不可移动革命文物。

中共大坑支部临水殿旧址

全 景

　　中共大坑支部临水殿旧址位于文成县周壤镇大坑村大坑自然村（周南中心学校边），坐西南朝东北，始建于清嘉庆五年（1800），1996年由旅外侨胞捐资翻建。现存建筑面阔三开间，明间设七环八角藻井，雕刻盘龙浓彩，神龛前额镂雕三出跳，祭祀陈十四娘娘。次间顶棚方框描字，山墙壁画。单檐硬山顶，脊首飞龙相望。

　　1942年春，共产党人朱玉发、许明载等以信佛为名，来大坑村秘密发展柯上对等5名党员，于1944年2月在临水殿宣誓，正式成立中共大坑支部。到1948年，共发展地下党员21名，担负至黄坦、南田、李山等线秘密交通联络战任务。并于1947年腊冬除奸中，支部协助中共领导人在临水殿周密部署后，智捉谋杀地下党区委书记"金牙齿"（赵体瑾）的恶徒柴介梅并予以处决。

　　2002年12月，中共大坑支部临水殿旧址被列入文成县第二批县级文物保护点。
　　2021年，中共大坑支部临水殿旧址被列入浙江省第一批不可移动革命文物。

中共济下支部革命活动旧址

中共济下支部活动旧址位于文成县黄坦镇济下村济下自然村水口，包括董公殿、娘娘宫两处。董公殿，坐西北朝东南，单体建筑，原建于清咸丰年间（1851—1861），现存建筑为1950年重建。正殿面阔三开间，明间进深四柱七檩，抬梁式五架梁带前后单步梁，后廊设神龛，供奉五位大法董公、吴九公、地主爷等神像，次间两侧设坐凳，歇山顶，铺小青瓦，脊首吻兽为双龙，周栏石墙。娘娘宫，清道光十八年（1838）建正殿，坐西北朝东南，由头门、戏台、天井、厢房和正殿组成，为四合院式砖木结构建筑。头门上楼与大殿相视，面阔五间，二柱五檩，单坡，小青瓦屋面，清水脊。戏台平面呈方形，单檐歇山顶，台额镂雕花板，牛腿浮雕戏曲人物。厢房对称上楼各五开间。天井平面呈凹字形，地面为条石地面。明间进深五柱七檩，穿斗式结构，前后双步梁带前后单步梁，神龛供奉三官大帝、马氏天仙等诸神塑像。

济下村是知名革命前辈刘炳发的故乡，1935年，刘炳发参加红军挺进师活动，次年加入中共组织，1939年投身革命。其间秘密发展刘善再、刘日益、朱绍庆等18名党员，于1937年冬在村口"董公殿"成立中共济下支部，并将"娘娘宫"辟为革命活动聚会址，开办夜校，宣传革命道理，教育引导朱德朋、朱绍成等38人参加青景丽武装游击队。

董公庙

娘娘宫戏台牛腿　　　　　　　　　　　　　　娘娘宫戏台挂落

娘娘宫侧面

2003年11月，中共济下支部活动旧址被列入文成县第三批县级文物保护点。
2021年，中共济下支部活动旧址被列入浙江省第一批不可移动革命文物。

金星革命烈士墓

　　金星革命烈士墓位于玉壶镇金星村，坐东北朝西南，始建于20世纪30年代。新中国成立后，岩门村胡从点、胡从登、胡从昆、胡从通、胡从威、胡从慎同胞六兄弟先后被追认为革命烈士。1985年，文成县人民政府拨款，由岩门村村民委员会于1986年修建完成金星革命烈士墓。烈士墓由墓室、围栏、昭烈亭和纪念碑组成。墓平面呈圆形，直径为2.1米，中间立一块宽0.35米、高1.5米的石碑，上面直书"革命烈士墓"及1986年的立碑时间。设有9个墓室，每个墓门上都写有烈士姓名及牺牲时间。墓外围用花岗岩条石围成，墓前西南侧设二十余级踏步。2015年新建了昭烈亭、纪念碑。

全　景

　　2022年6月，金星革命烈士墓被列入文成县第六批县级文物保护点。

文成文物

不可移动文物卷

其他

上新屋全景

玉壶中美合作所旧址

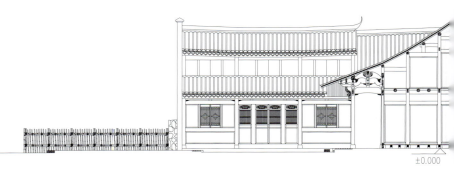

玉壶中美合作所旧址中轴线剖面示意图

玉壶中美合作所全称是"中美特种技术合作所"，它是第二次世界大战中中国和美国军事情报机构合作建立的战时跨国情报机构，其目的是加强中美之间军事情报的合作，共同打击日本。玉壶中美合作所旧址位于文成县玉壶镇底村和上村，当时，玉壶中美合作所第八训练班曾以底村上新屋为学员宿舍，以上村的端廿十八祠堂作为教导营驻地。

上新屋梁架

上新屋沟头、滴水

上新屋前屋明间梁架

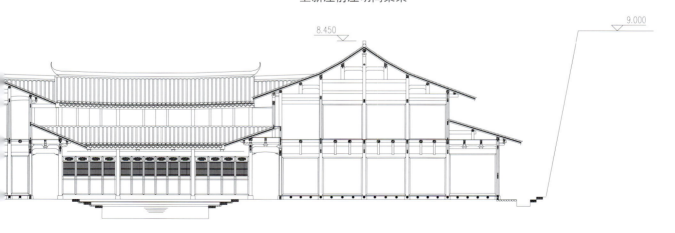

上新屋正厅

天井铺地纹样

端廿八祠屋面

端廿八祠柱头　　　　　　　　　　　　　　　　　端廿八祠沟头、滴水

　　上新屋原为三进合院式木构建筑，建于清嘉庆年间（1796—1820），坐西南朝东北。屋前为空坦，东、西两侧原有木门台各一座，已拆毁。一、二进间为长方形天井，中央甬路用小卵石铺成拼花图案。甬路两侧为大块卵石铺设。天井东、西侧各为三开间厢房，两层悬山顶。前屋为七间悬山顶建筑，室内明间做成鸳鸯厅结构。前屋与正屋间天井左右两侧设长方形水池。天井东西侧各为三开间厢房，两层悬山顶。正屋为七间两层悬山顶建筑。正屋后院中有水井一口，方形平面，块石垒砌井沿。

　　端廿八祠堂始建于清光绪十六年（1890），为二进木构建筑，坐西朝东，由门厅、前厢、正厅组成，四周做有围墙，用溪石垒砌。门厅面阔为五开间带两披，单檐双叠落式悬山顶，施小青瓦，用瓦当滴水，明间进深三柱五檩，为穿斗抬梁式梁架。正厅面阔五开间，单檐歇山顶，明间进深五柱十檩，抬梁式梁架。屋面施小青瓦，用瓦当滴水。正脊为砖砌，中央塑福禄寿三星，两端为龙头凤尾脊吻。

　　玉壶中美特种技术合作所是对日作战时成立的临时机构。

　　2011年1月，玉壶中美合作所旧址被列入浙江省第六批省级文物保护单位。

坦岐炼铁厂旧址

　　坦岐炼铁厂旧址位于文成县珊溪镇坦岐村西部，西侧背靠碗岗山。炼铁厂原分布面积约3000平方米，现存建筑占地面积约78平方米。原建筑由两座炼铁炉、两根烟囱和柴油机动力房、热风机房组成，20世纪60年代建坦岐村小学时，拆除了南端的一支大烟囱和一座炼铁炉。柴油机动力房面阔两间，硬山顶，砖木混合结构。热风机房为单间券顶建筑，南北朝向，东侧山墙原先设有铸铁管通至炼铁高炉，现存一截铸铁管。南北墙面设有出入门洞，为拱券门，门上有两个小圆孔，当年为管道出入孔。烟囱与热风机房之间有管道敷设于地表，管道外部砌砖保护。炼铁炉与热风机房原有管道敷设于地表，外部也砌砖保护，现管道已损毁，炉外壁用砖砌出六个凸块，用于搭设站人平台，生产时人在平台上投入矿料、焦炭等，还有四个方形通风孔。

全　景

炼铁炉

　　1958年，县里看中坦岐村"上山有铁矿，下山有煤矿"的地理资源优势开建了炼铁厂，仅用几个月时间，建成了一座在文成县境内最具规模的钢铁厂。好景不长，当时未曾科学地规划和结合当地实际情况，一味地高呼口号，"放卫星"，以致燃料、原料不足，正式的大机房、炼铁炉、大烟囱等仅使用了一次便"歇工"了。在1959年冬天，坦岐钢铁厂被迫正式熄火、停工，只留下两支大烟囱、两座炼铁炉、热气机房和动力房。

动力房

　　坦岐炼铁厂旧址是一处较特殊的工业遗产类型，建筑时代特征明显，在浙江省境内较为罕见。2011年1月，坦岐炼铁厂旧址被列入浙江省第六批省级重点文物保护单位。

夹杆石　　　　　　　　　　全　景

依仁灯柱

　　依仁灯柱位于文成县黄坦镇依仁村，面向水口杨府殿，当地俗称"天灯"，由基座、夹杆石、朝天柱组成。青石基座呈正方形，边长为0.97米，用四根青条石对角拼合。中间竖一根笔直的、花岗岩质朝天柱，原为木质柱，因年代久远，受雨水腐烂，于20世纪90年代更换为花岗石岩质朝天柱。朝天柱高4.7米，截面为方柱抹圆角，边长0.2米。顶倒扣一口小铁锅，锅中间竖一朝天戟，柱顶下平时挂花灯，作为村民夜晚照明之用。朝天柱东西两侧用青石夹杆石，高0.87米，宽0.29米，厚0.13米，上端有圆形的固定孔，径0.06米，下端有菱形的固定孔，边长0.06米。两孔之间刻出线框，上为讹角，下为方角。夹杆石东侧阴刻"大清光绪二十九年……"等字样，另西侧因年代久远，字迹风化严重，无法辨认。基座周边原为泥路，2011年村里修建水泥路，将天灯基座周边泥路修建为水泥路；2015年6月，将灯柱周边水泥路面重新修缮为花岗石块石铺地路面。

　　"点天灯"是古代节日风俗，一直沿用至今且现存的天灯在浙江省内少见。2017年1月，依仁灯柱被列入浙江省第七批省级文物保护单位。

底园省干部训练团旧址

底园省干部训练团旧址位于文成县南田镇九都村底园自然村，坐西北朝东南，建于民国三十年（1941），现为刘氏宗祠，由门台、东北侧厢房、正厅组成。门台由规整块石砌筑，三山造，两侧与天然毛石砌筑的围墙相连，为后期重修。东北厢房为砖木结构简易房，为后期加建。正厅三开间带两披，明间进深四柱九檩，抬梁式结构，五架梁带前后双步梁，悬山顶。

正 厅

单步梁

月　梁

1942年至1945年期间，省干部训练团100多人在这里工作、训练。该建筑结构完整，管理妥善。2012年12月，底园省干部训练团旧址被列入文成县第七批县级文物保护单位。

门头

三滩省立温州中学分部旧址

三滩省立温州中学分部旧址原为地主殿，位于文成县南田镇新南村三滩，为清代建筑，坐东北朝西南，由头门、戏台、正殿、厢房组成，为合院式建筑。头门面阔五开间，明间进深四柱九檩，穿斗式结构，中柱前四步梁后三步梁带后单步梁，屋面为双落翼式歇山顶，明间后建戏台，戏台上施藻井，立四柱。正殿面阔五开间，明间进深五柱十檩，抬梁式结构，五架梁带前后双步梁再带后单步梁，正殿山墙彩绘戏曲人物图案，屋面歇山顶，盖阴阳合瓦。东南、西北侧厢廊均三间、单层。

正厅明间

戏台藻井

　　抗日战争爆发后，温州三度沦陷，温州中学被迫三度迁校：初迁青田水南、村头，再迁北山、白岩，三迁泰顺江口、南田三滩。民国三十三年（1944）九月，温州中学分部从青田水田迁至今南田三滩村，招收初中新生一个班，民国三十四年（1945）九月迁回温州。

　　2012年12月，三滩省立温州中学分部旧址被列入文成县第七批县级文物保护单位。

渡渎口粮仓旧址

渡渎口粮仓旧址位于文成县峃口镇渡渎村渡渎口自然村，建于1960年，坐北朝南，东临飞云江中上游，由粮仓、粮管所组成。粮仓高6米，内直径6.4米，外直径7.1米，仓体由青砖砌成，屋面呈圆锥形，做成小青瓦攒尖顶。顶端立一铁质五角星，檐口砖叠涩三层出挑，可在一定程度上阻挡雨水渗入。仓体上方设两小窗户，朝南侧设门。粮管所建筑为四开间，墙体由块石垒砌而成，总长29米。粮仓与粮管所之间设有水泥踏步，可道往粮仓侧门，供人站在上面往粮仓里倒粮食用。该粮仓是当时渡渎村的粮食收购站，建于渡渎口，便于粮农过渡飞云江中游。

粮馆所全景

粮 仓

2012年12月，渡渎口粮仓旧址被列入文成县第七批县级文物保护单位。

正立面

胜坑知青房

胜坑知青房位于文成县铜铃山镇叶胜林场胜坑自然村，坐北朝南，1958年建造，为二层石木结构建筑，由知青房、厨房及农具房组成，外墙为不规整块石砌筑，内为木结构。大门宽2米，高3米，设花岗岩质门槛。底层办公，明间为通道，设楼梯，现还留有大量的毛主席语录和标语。二楼用木板隔成十几个房间为知青们的住房。正屋右面二间为厨房，左面一间为农具房。

叶胜林场，建于1957年11月，当时称"叶岭林场"，1958年8月改为现名。经营面积4.08万亩，其中林业用地3.87万亩。1963年，温州市和文成县城知青来到此深山老林中接受贫下中农的再教育，他们曾用智慧和双手热情投入建设新林场中。

2012年12月，胜坑知青房被列入文成县第七批县级文物保护单位。

泗洲石佛塔

　　泗洲石佛塔位于文成县黄坦镇富康村驮丘边自然村，始建于明嘉靖十三年（1534），清嘉庆十三年（1808）加建亭宇，道光二十八年（1848）重修，为原青邑八都十大古迹之一。1997年因建通乡公路，就近易址翻建，坐北朝南。亭宇方形，面阔三开间，单檐歇山顶，明间进深三柱九檩，用方形水泥柱，后侧直接架在围墙上，抬梁结构，五架梁带前后双步梁。明间内置石佛塔，现为四级（台）加塔顶。塔身方形逐级内敛，唯顶部外露翘檐，底座素饰，左门柱上阴刻纪年与造者记事，内安泗洲菩萨石雕坐像，盘坐莲花座，作削轮敛腰式，两侧立童男童女像，雕工精美，刻线流畅。

石雕坐像

全　景

　　泗洲石佛塔为文成县内至今发现的唯一较大型的石雕像和古塔。2002年12月，泗洲石佛塔被列入文成县第二批县级文物保护点。

六角亭

盘谷底八角井

　　盘谷底八角井位于南田镇九都村盘谷底自然村，井内壁由毛石砌筑呈圆形，内径0.63米，井深5米，水深4米。井栏呈正八边形，由八块梯形花岗岩石紧密砌筑而成。石板长0.32米，高0.46米，厚0.09米。井台呈正六边形，长3.3米，由规整条形花岗岩石铺就。井台上后建六角亭，亭柱子间立一块花岗岩石，高1.67米，正面阴刻楷书"伯温泉"三字，当地人俗称"八角井"。井台东侧置花岗岩质石盆一个，以供村民洗涤所用。

八角井现状

　　盘谷底八角井始建于元代，至今保存完整，井水清澈，冬暖夏凉，现仍为村民生产生活所用。2022年6月，盘谷底八角井被列入文成县第六批县级文物保护点。

九都伯温水渠

后建长廊

九都伯温水渠位于文成县南田镇九都村盘谷底自然村，宋至明代建造，总长2100米，大堤全部采用花岗岩堆砌而成，顺地势和灌溉需要弯曲并由北向南延伸。东堤平均高3米左右，宽0.9米～1.4米；西堤平均高2.5米左右，宽0.9～1.2米，渠道宽3米左右，设四个放水孔，灌溉由专用水沟与稻田连成一线，总灌溉面积约千余亩。

　　水渠至今保存完好，可见该工程的质量及当时南田农业的发达程度。其历史之悠久，是研究当地的农业水平及村落形成的实物见证。

水渠走向

现存水渠

谢塘岸水井

谢塘岸水井位于文成县南田镇九都村城底自然村谢塘岸，明代建筑。井壁由花岗岩石质条石垒砌，长3.1米，宽1.7米，井底为毛石铺就。井栏后期由混泥土砌筑，呈八角形，边长0.6米，高0.4米，井深3米，水深1.2米，井水清澈见底，为地下泉水，冬暖夏凉，饮用至今。

该水井历史悠久，保存完整。

水井现状

图书在版编目（ＣＩＰ）数据

文成文物. 2，不可移动文物卷 / 文成县博物馆
（文物保护管理所)编. -- 杭州 : 西泠印社出版社，
2023.11
ISBN 978-7-5508-4299-1

Ⅰ. ①文… Ⅱ. ①文… Ⅲ. ①博物馆－文物－介绍－
文成县 Ⅳ. ①K872.554

中国国家版本馆CIP数据核字(2023)第189060号

文成文物

文成县博物馆（文物保护管理所）　编

责任编辑　叶胜男

责任出版　冯斌强

责任校对　刘玉立

装帧设计　李西彬

出版发行　西泠印社出版社

（杭州市西湖文化广场 32 号 5 楼　邮政编码　310014）

经　　销　全国新华书店

制　　版　杭州尚俊文化艺术策划有限公司

印　　刷　浙江全能工艺美术印刷有限公司

开　　本　889mm×1194mm　1/16

字　　数　480 千

印　　张　22.25

印　　数　0001—0600

书　　号　ISBN 978-7-5508-4299-1

版　　次　2023 年 11 月第 1 版　2023 年 11 月第 1 次印刷

定　　价　268.00 元（全二卷）